きもの熱

清野恵里子

写真＝浅井佳代子

集英社

きもの熱

目次

カバー写真—帯締め（有職組紐道明）
ブックデザイン
鈴木成一デザイン室

序にかえて

ある日、突然……

小柄だった母の身長は百五十センチ足らず。娘たちの背の丈がどんどん伸びて、やがて母を追い越すようになったあたりから、母が誂《あつら》えたきものは、私たちに譲ることを考えたのでしょう、着丈を母の寸法に合わせて裁つことをせず、内揚げが付けられていました。母が晩年に着ていた、この鬼しぼ縮緬《ちりめん》もそんな一枚です。それでなくてもしぼの大きな縮緬のきもの。おはしょりをしたお腹のあたりに幾重にも重なる布は、もこもことして着にくかったに違いありません。おちびさんだった母がちょっと気の毒です。

三歳から大学に通うころまで続けていた日本舞踊や、その後に父と通った謡のお稽古など、きものを着る機会は同世代の友人たちに比べ、ずいぶん多いほうでした。学生時代、当時下宿していた叔母の家から電車や地下鉄を乗り継いで、向島のお稽古場に通っていたことがありました。年に一度開かれていた発表会。確か、内幸町のイイノホールだったように記憶しているのですが、長唄の「松の緑」を踊った時のことです。自分の出番が終わって母に着替えさせてもらい、客席でのんびりお弁当の包みを開け、ほかの方たちの舞台を拝見していた時に事件は起こりました。お弁当の折に入っていたこぶりのおいなりさんが、膝に広げたハンカチの上にぽとりと落下したのです。しかも、あろうことか、おいなりさんは着地する直前、帯のあたりで一回バウンドしていました。その時の私は、濃紺の紬《つむぎ》に、臙脂《えんじ》の塩瀬《しおぜ》の染め帯を合わせていました。臙脂の地に描かれていたのは、露芝に古風な色合いの揚羽蝶。不幸なことに、その揚羽蝶の羽に、おいなりさんの落下の痕跡は、くっきりと残っていました。

ぼかしに染めた鬼しぼ縮緬に合わせたのは、袋帯「段替菊花丸文」（だんがわりきっかまるもん）。

ある日、
突然……

檜垣の地紋に織られた白茶と藍、抹茶の三色の段に、大小の菊花、牡丹、桜草が浮かぶ帯。帯締めは金茶の無地の高麗組。

朝早く、郷里から私の支度に駆けつけてくれた頼みの母は、少し前、最終の列車に間に合うよう、タクシーで上野駅に向かって出発したばかり。今考えればおかしくなるくらいの慌てぶりでした。私が身につけていたきものはもちろんのこと、肌襦袢から足袋にいたるまで、翌日まとめて母に送り、後始末をしてもらうことになっていたのですから、「しみ抜き」だってその時に頼めば、問題は解決したのです。ところが、着せ替え人形のように、ただただ着せてもらうだけ、情けないことにきものに関する興味も知識もまったくなかった私です。とにかくタクシーに飛び乗り、上野駅のホームに向かいました。幸い上越線のホームで列車を待つ母に無事遭遇。あきれる母に弁解しつつ、道行で人目をさえぎり、ホームで解いた帯を、やっとのことで、母の手にバトンタッチしたというのが、その日の事件の顚末です。

二十代の初めに父と一緒に通っていたのは、謡のお稽古でした。ある年開かれた温習会で、父と一緒に「羽衣」の素謡をやらせていただいたことがありました。私はシテの天人、父はワキの「白龍と申す」漁夫の役でした。鉛筆の書き込みのある父の謡本を見れば、お稽古した番数も相当な数にのぼることが知れるのですが、つねに父の肩をもっていた私をしても、「いかがなものか?」と首を傾げたくなるような父の謡でした。落語の「寝床」で長屋の住人に浄瑠璃を語って聞かせる少々はた迷惑な大家さんのように、晩酌を終えたご機嫌の父が、時折、私たち家族を集めるのに閉口したことも、今となってみれば、ほほえましい父の思い出です。謡はお世辞にも上手と言えない父でしたが、袴姿は、なかなか

雨ゴートに仕立てた
鳶八丈。ロロピアー
ナ製、ビキューナの
大判のストール。

立派で素敵でした。「羽衣」の日、袴姿の父の隣にすわった私のきものは、鬼しぼの縮緬に藍型風に描かれた枝垂《しだ》れ桜。帯についてはまったく記憶がありません。
ふと気がついてみれば、今の私は、ちょうどあのころの父や母の年齢です。

父と母は同い年。戦時中に結婚しています。戦争の激化に伴い、当時の文系の学生は、繰上げ卒業や、学徒出陣で戦地に赴くことを余儀なくされていった時代です。卒業を目前にしながら入営が決まった父。恋愛時代、母に勧めた本が倉田百三《ひゃくぞう》の『愛と認識との出発』だったと言いますから、純粋できまじめだった父がこの時決心した母との結婚は、おそらく悩んだ果てのことだったと想像します。結婚後まもなく入隊した父は、その後、実戦に出ぬまま千島で終戦を迎えますが、ソ連軍に捕らえられ、シベリアで四年の間、抑留生活を送ることになります。いわば学生結婚のような若さで結婚したふたりが三十一歳になり、やっと恵まれた子供が私でした。二十年前に父が逝き、その十年後に母も亡くなりました。

きものが大好きな母でした。母が遺してくれたたくさんのきものの仕立て直しをきっかけに、それまで、きものになど、まったく関心のなかった私に、ある日突然発症した「きもの熱」です。

ある日、
突然……

第一章　真綿をつむいで

花を待ちかねて

熊野詣にまつわる説話、安珍清姫の物語を主題とした歌舞伎、「京鹿子娘道成寺《きょうがのこむすめどうじょうじ》」の舞台の背景は、咲き乱れる満開の桜。舞台中央の釣り鐘に執着の色を見せつつ舞う主人公、白拍子花子が身にまとう衣装は、枝垂れ桜に霞《かすみ》です。「道行」に始まるいくつかの場面に繰り返される引き抜きで、目の前に現れるのは地色違いの桜。花子の心の揺れを余すところなく伝えます。八掛《はっかけ》にも桜を染めた花子の姿は、桜の精そのものにも見えました。

桜は、私たち日本人にとって、いつの時代も特別の花でした。

奈良時代後期に編纂された日本最古の歌集、『万葉集』にも桜を詠んだ歌はあり、人々に愛されていたことが知れますが、当時の日本は中国文化の影響を強く受けていた時代です。かの地の、梅の花を好む風潮は我が国にもそのまま伝わり、花といえば「梅」のことを指していたようです。

ところが、独自の文化が花開いた時代、平安のころともなると、桜に対する愛着はひときわ強いものになります。吉野の山奥に庵をむすび、幾たびかの春秋を過ごしたとされる平安末期の歌人、西行の「願はくは花の下にて春死なむそのきさらぎの望月のころ」の歌のように、さまざまな思いを込めて詠われた「花」は「桜」に変わっていました。やはり西行の詠んだ歌「花見ればそのいはれとはなけれども心のうちぞ苦しかりける」。この時代の桜は山桜。西行は、老木に咲くうす紅を含んだ桜に、どのような思いを重ねたのでしょう。

樹齢を数えるほどに生長した、黒々とした幹、そこから伸びる枝いっぱいに咲き乱れる桜から

は、見る人をひととき酔わせてしまうような、狂わせてしまうような力を感じます。
ほんとうに桜は不思議な花です。若いころ、その美しさを疎ましくさえ思うこともあった桜が、年を追うごとにいとおしくなってきました。

鳥の子色に染められた塩瀬の帯。胡粉《ごふん》で描かれた桜が浮かび、白い花びらをそっと支えるように伸びた枝や葉には、弁柄《ベンガラ》色を挿しています。染色作家、中川知子さんの心象風景を写した作品「山桜」です。

花を
待ちかねて

第一章　真綿をつむいで

中央線の三鷹のあたりに育った中川さんが毎年楽しみにしていたのは、「はけの道」に沿って続く広大な敷地に、取り残されたような桜の古木でした。周囲は武蔵野の雑木林。あたりを白や薄紅の霞で包んでしまいそうな満開の桜には、やはり何かがひそんでいるように思えてならないという中川さんが描いた桜は、嫣然《えんぜん》と微笑むように咲いていました。

この帯に合わせたのは、亀甲絣《きっこうがすり》で麻の葉に霞を織り出した、ごくごく濃い茶色の結城紬《ゆうきつむぎ》です。

真綿から丹念に細くつむいだ糸で織られる結城紬。一反分の糸をつむぐのに要する時間は熟練した人の手でも四十日あまりと聞きました。織り出される柄の図案の設計に始まり、経糸《たて》を機に固定せず織り手の腰につける、昔ながらの地機《じばた》で織り上げるまでの工程は、何人もの職人さんたちの骨の折れるお仕事の積み重ねです。

仕立てをお願いする前の結城の反物は、糊付けされて少しだけよそよそしい感じ。それが湯通しされ糊ぬきされた布の風合いといったら、比べようもないほどやわらかで優しいのです。それでいて、肝心のところで真綿からつむいだ糸の堅牢さを感じさせてくれるような、ふっくらした安心感を与えてくれます。

いつだったか、三月に入って間もないころの、ぽかぽかと暖かな午後のこと。麻の葉の結城に、桜の帯を締め、外出した日の、なんとも幸せな気分が思い出されます。

きもの―亀甲絣で麻の葉に霞を織り出した、濃い茶色の結城紬。**帯**―中川知子作「山桜」。鳥の子色に染めた塩瀬の地に、胡粉で描かれた山桜が咲き乱れる。**帯締め・帯揚げ**―帯締めは甕覗（かめのぞき）の高麗組。甕とは藍甕をさし、藍甕にさっとくぐらせたようなごく淡い色。取り合わせた帯揚げは山桜の葉を写した弁柄色。

櫛ものがたり

幼い好奇心が向けられた先は、母の鏡台の抽き出しと、桐簞笥《きりだんす》の一番上の戸棚でした。踏み台を使い、引き戸にそっと手を触れた時のドキドキした気持ちは、今でもよく覚えています。戸棚にお行儀よく並んでいるのは、桐の箱や、漆塗りの箱、舞扇を入れた紙の箱など、形も大きさもさまざまな箱です。その中に、母の留守を見はからっては、こっそり取り出して眺める私のお気に入りがありました。

ひとつは赤いビロードを張った四角い箱。祖父が、溺愛した母の三歳の誕生日を祝って誂えたという、それはそれはちっちゃな金細工のルビーの指輪が入っていました。

もうひとつは、唐草を浮き彫りにした樺《かば》色の革の箱です。上蓋に朱の漆を塗った飾りがあり、ベルトで留められています。中には、鼈甲《べっこう》や象牙を細工した櫛や簪《かんざし》に笄《こうがい》、そして紐を通した珊瑚や翡翠の玉が薄紙に包まれて入っていました。孫たちの顔を見ることなく、四十九歳で他界した母方の祖母「しん」や、私たちがずっと「おばあちゃん」と呼んでいた母の叔母「てる」。そ

してこのふたりの母、つまり私にとっては曾祖母など、母方の女性たちから伝わった髪飾りです。

八十歳を越えて亡くなった、おてるおばあちゃんから、こんな話を聞いたことがあります。このおしんさんとおてるさんの十代半ばのころのエピソードです。

上げた前髪をふくらまし、大きな繻子《しゅす》のリボンをつけた姉妹は、ある日連れ立ってお琴のお稽古に出掛けました。どうもお稽古の出来がかんばしくなく、おてるさんの目の前で、お師匠さんにしかられてしまったおしんさん。学校でもどちらかと言えば、理数を得意とするような少々男勝りの性格で、歌舞音曲などあまり興味はなく、加えて人一倍負けず嫌いのおしんさんは、帰り道よほど悔しかったと見えて、髪につけたリボンをぎゅっとつかむと懐に押し込み、おてるさんを残して大股でささっと歩いて行ったとか。

母のアルバムに残された祖母の写真は、いかにも負けん気の強い女性に見えます。いろいろ事情もあったでしょうが、結婚生活に向かなかったと見え、母がまだ幼いころに離婚しています。おてるさんはふっくらした丸顔のかわいらしいタイプでしたから、顔だちも性格もずいぶん対照的なふたりだったのでしょう。

さて、件の櫛の箱ですが、生前、特に若いころ、長くのばした髪を自分で夜会巻のように器用にまとめ、飾りの櫛などさしていた母は、時折この箱から櫛や笄を出し、これら大切な宝物の手入れを欠かしませんでした。ところが、この母、血液型O型で、とてもおおざっぱなところもあわせ持つ性格。椿油をつけ、やわらかな布で熱心に磨いたりするくせに、大切な櫛をよく落としてくるのです。夏用の涼しげな櫛と笄のセットがあって、鼈甲の薄い櫛の半月型の周囲に、銀で麻の葉を透かし彫りした繊細な縁飾りがついていました。子供ごころにも大好きな櫛だったのに、

今は笄しか残っていません。やはり夏のもので、象牙の細い棒の両端に取り付けた銀の受けに、美しい六角に削った水晶の飾りを嵌《は》めた笄もなくなっていますから、これもきっとどこかに落として来たのに違いありません。

このところ、しきりに母のことが思い出されます。

長女に生まれた私は、相当なファザコンで、いつだって父の味方でした。両親ともに未年。女のひつじは気が強いという、言葉どおりの母にやり込められる父が気の毒で、しきりに加勢したものです。ところが、「きもの、きもの」と騒ぎ出したあたりから、急に今まですっかり忘れていた母にまつわる記憶が甦ってくるようになりました。

母の亡くなる十年ほど前、六十六歳で逝ってしまった父は、いささか当惑しているはず。たぶん、少々寂しい思いをしているかもしれません。

きもの―濃紺の結城紬は、亀甲と十字絣を組み合わせた品の良い幾何学模様。**帯**―尾形光琳に因んだ袋帯、「光琳水」。**帯締め・帯揚げ**―帯締めはやや太めに組んだ、草木染。縮緬の帯揚げは阿仙の色。**小物**―李朝の家具の上に見えるのは、李朝の耳盃（じはい）。象牙や鼈甲の髪飾りは母の形見。鼈甲に蒔絵をほどこした櫛の中には、秋草にこおろぎや、小さな芥子粒ほどの珊瑚を赤い実に見立てた南天の模様など、楽しい細工が見える（二五頁）。

コプトの文様

日ごろ、社交的な性格と思われがちで、他人《ひと》にはなかなかわかっていただけないようですが、案外内気で、引っ込み思案です。コンサートやお芝居見物など、好きなところにはひとりでいそいそ出掛けて行くくせに、人の集まりが大の苦手。とりわけパーティ会場など、十分もいれば呼

吸困難になってしまうという困った習性があります。

ところが、心動かされる人物に出会ったら話は別。「この人は大丈夫、私を受け入れてくれそう！」と、私のアンテナがキャッチするや、ぴょんと相手の懐に飛び込んでしまう、妙に図々しいところがあるのです。

そんなわけで、内気ですから、お付き合いのあるきもののお店も、ほんの二、三軒と少なく、もちろん例の「ぴょんと飛び込んでしまう」図々しさの通用するお店ばかりです。その中で筆頭とも言えそうなのが、数寄屋橋交差点の一角に建つ、ビルの地階にお店を構える「芥川」さん。かれこれ八年ほどになるでしょうか。ある方に連れて行っていただいたのが最初です。

決して愛想よく迎えてくださるお店ではありません。というより、正直申し上げると「ちょっとこわい」、そんな印象がありました。ところが、二度三度とうかがううち、「大丈夫！」と青信号が点り始め、それからというもの、ほんとうに幸せな「ものとの出会い」が続いています。

「芥川」さんのお店の中央にでんと置かれたガラスケースの中には、ほかではなかなかお目にかかれない、魅力的な織物が所狭しと重ねられています。

ある日、銀座での打ち合わせの帰り、ふらっと立ち寄らせていただいたことがありました。いつものように、お隣の喫茶店から取っていただいた、メロンソーダをごくりとひと口飲んで、ふと見上げた先のガラスケースの中に発見したもの。それは、泥染めの大島や藍の木綿、濃紺の亀甲絣や蚊飛白《かがすり》の結城に混じり、ひときわ異彩を放つ一反でした。

はやる心を落ち着かせ、なるべくお行儀よくご主人にお断りしてから、ケースの反物を見せていただきました。そっと指先で触れてみても、手に取ってみてもその風合いやふわっとした軽さ

など、紛うかたなき上質な結城紬に違いありません。

「結城紬」といえば、無地や渋い色合いの亀甲絣を思い浮かべてしまう私にとって、「芥川」さんで出会ったこの結城は衝撃的でした。変わり格子とでもいうのでしょうか、白茶《しらちゃ》の地に葡萄《えび》色、鮮やかな緑、黄、濃い墨色の縦縞、その上を等間隔に横切る三本の白茶の横段という珍しい柄です。何よりも色の取り合わせが絶妙なのです。

結局私のところにやって来たこの結城でしたが、染めにしても、織りにしても、個性的な色使いや柄のきものに合わせる帯探しは、往々にして困難を極めます。あれこれ箪笥の抽き出しから

帯を引っぱり出しては、畳紙《たとうし》に広げたきものに載せてみても、お見合いは成立せず、そっぽを向いたまま。

なかなかに困難を極めたお相手探しがしばらく続いた後、忽然と姿を現したのが、袋帯、龍村平藏作「埃及《エジプト》綴《つづれ》霊獣園文」でした。この帯、驚くことに地も綴れもすべてウール。白茶の地に、鮮やかに染められた彩糸で織り出されたエキゾチックな文様が浮かぶ贅沢な帯です。

古い時代から伝来してきた染織品や、いわゆる名物裂《めいぶつぎれ》など、帯の文様のお手本は、洋の東西や時代を問わずさまざまです。

この帯に織り出されたのは、四、五世紀のコプト裂のモチーフ。エジプトの地に生まれた魅力的な染織がルーツです。帯前と垂れ、手先には、葡萄唐草《ぶどうからくさ》ともとれる伸びやかな曲線に、まるでロールシャッハテストの絵のような、左右対称の鳥が見えます。そしてお太鼓には、椰子でしょうか、おおらかに葉を繁らせた二本の木に挟まれるように二匹の「霊獣」が向かい合っています。あれこれと考えた末のきものや帯の取り合わせ、帯揚げの葡萄《えび》色に帯締めの甘い薄茶が加わり、ほっと一息といったところでしょうか。

きもの—変わり格子の個性的な結城。葡萄色、濃い墨色、緑に黄の縦縞に、等間隔に入る白茶の横段。**帯**—龍村平藏作「埃及綴霊獣園文」。エジプトのコプト裂のモチーフを写した、エキゾチックな文様の綴れも地も、素材はウール。**小物**—紀元前五世紀のホルス神の像。ホルス神とは、ハヤブサ、あるいは頭がハヤブサの形をした人の姿で表される、エジプトの天空の神のこと。その両の眼は太陽と月（二八頁）。

動物たちのパラダイス

ある日、退屈紛れにたまたまたどり着いた、インターネットのサイトで見つけたベズレーというブルゴーニュ地方の町。ここの小高い丘の上に、サント・マドレーヌ寺院というロマネスク様式の教会があります。アーチ型の窪みや柱頭の彫刻がすばらしく、ある日訪れた、かの有名なチェリスト、ロストロポーヴィチが、寺院の美しさに感激。ここをバッハの無伴奏チェロ組曲の録音場所に選んだと書かれていました。

シューベルトの「冬の旅」やグレゴリオ聖歌を、主要な作品のテーマになさるくらい、大の音楽好きだったという型染めの作家、小島悳次郎《とくじろう》さん。戦時中も仕事の合間にSPレコードから流れるクラシック音楽に、耳を傾けていらしたという小島さんは、同時に西洋の建築や美術に対してもまた、強い興味をお持ちのようでした。残された数多くの作品には、こうした西への思いを彷彿とさせるエキゾチックな題材が、独自の世界に昇華され表現されています。

生前の小島悳次郎さんに一度もお目にかかったことがなく、何の根拠もないのに、サント・マドレーヌ寺院の礼拝堂に腰掛け、とても楽しそうな様子で、無伴奏に聴き入る小島さんの姿が浮かんでしまいました。

藍地に、色鮮やかなモチーフが並ぶ型染めの「唐草鳥獣紋」は、七、八年前に思わずひと目ぼれしてしまった作品です。

石造りの建物の周囲を取り囲む花綱や唐草を模した彫刻。そんな雰囲気の唐草の中にさまざま

なモチーフが描かれ、不思議な格好の動物たちがこちらを見ています。ブレーメンの音楽隊よろしく、楽器を手に、二本足で上手に立つロバや、大きな角の羊。妙なおめかしをしたバッファローに七面鳥。戸惑っているかのようなスフィンクスや『不思議の国のアリス』の中にも登場する絶滅の鳥、ドードーのそっくりさん。それに、葡萄のまわりで戯れるなんともチャーミングな蜜蜂。団栗《どんぐり》や、大きな松ぼっくりのような木の実も見えます。

彩度の高い藍の地色に溢れる色彩、多様なモチーフとなれば、賑やかな限りで、ややもすれば過剰な印象をまぬがれないものです。なのに、どうでしょう、小島さんが作り出した世界は幸せな調和に満ちています。当然のことながら作り手の技量と感性、そしてたくみな構成力に支えられた完成度の高さであることは疑うべくもありません。でも、私がこの帯に初めて出会った日の夜、夢に現れてしまったほど惹かれた理由はそれだけではないようです。モデルとなった動物にも植物にも、あたたかいまなざしが向けられ、愛情を注がれている様子がしみじみ伝わってくるのです。

この帯に取り合わせたきものは、深い藍色、濃紺の結城縮《ちぢみ》です。

各地で織られる紬の中でもとりわけ古い歴史をもつ結城は、本来平織りでしたが、明治三十年代の半ばに「縮」と呼ばれる結城が誕生します。緯糸《よこ》に強い撚《よ》りを加えた糸を織り込み、温湯で糊抜きすると、表面が縮緬状にしぼ立ちし、着るものに心地よいシャリ感が生まれます。平織りと縮という、対照的な肌触りを持つふたつの結城。いずれも甲乙つけがたい魅力があります。

細かな絣を等間隔の横段に入れた濃紺の縮を単衣《ひとえ》に仕立てました。ずいぶんおばあさんになっ

動物たちのパラダイス

ても着られそうなとても地味なきものです。

ところが、真っ白な絽の半襟が襟元からのぞき、幸せそうな動物や植物が勢ぞろいした、小島悳次郎さんの帯を合わせてみたら、懐かしくて若々しい世界が出来上がりました。帯締めと帯揚げに茶系の色目を加えると、藍色が元気に見せてくれる色であることを実感します。

きもの—濃紺の地に細かな絣を等間隔に入れた、結城縮の単衣。**帯**—藍地に色鮮やかなモチーフが並ぶ型染めの帯は、小島悳次郎作「唐草鳥獣紋」。愛らしい動物たちの中には、ロバや羊、バッファローや七面鳥、空想上の生き物らしき珍妙な鳥まで登場。**小物**—李朝のお膳に載せられている動物たち。中国のものと思しき犬と駱駝、そして呑気な表情の虎に、新羅の鉄の馬。円山応挙が描いた愛らしい仔犬を思い出してしまいそうな青銅の犬（三五頁）。

正倉院の尺八

モンブランの万年筆の修理に出掛けた、日本橋丸善からの帰り道、中央通りを挟んだ髙島屋の呉服売り場に立ち寄ったことがありました。お目当ては、特選呉服の奥のガラスケースに陳列された、龍村平藏の帯です。この日、一番印象に残ったのが、長谷川等伯の障壁画を写した「国宝葦の図」でした。そのころ、仕舞のお稽古をしていた曲が「蘆刈」だったこともあって、しばらく手に取り眺めていると、背後から「いいでしょう！」という声。これが、髙島屋の加瀬力さんとのお付き合いの始まりです。結局、それから二、三年ほどして、私がいただいたのはこの「葦の図」ではなく、金糸の地に愛らしいコプトの鸚哥《いんこ》が浮かぶ綴れの帯でした。

当時、退職のお年も間近とうかがいました。四十年近く、とても贅沢な方々から、全幅の信頼を寄せられ、お支度の相談にのっていらした加瀬さんの抽き出しは無尽蔵です。染めのこと、織りのことに始まり、京都のお寺に残る「宗達の杉戸絵」から奄美で過ごした画家田中一村にいたるまで話題は尽きず、呉服売り場の隅っこに腰掛け、ついつい何時間もお邪魔してしまうことも

正倉院の
尺八

ありました。

その後、加瀬さんとの出会いをきっかけに、私の目の前に、信じられないくらいたくさんの扉が現れ、パタパタと音を立てて開いていったような気がします。

中でもとりわけ大きな扉の向こうに待っていたのが龍村平藏の帯でした。小心者のくせに、時としてまったく根拠のない大胆な決断をしてしまう私が、ある日「鸚哥」の帯の購入を決心。なんと、二年がかりのお支払いという難行苦行の末、ようやく手に入れると、不思議なことに、大正期、初代龍村平藏が復元した名物裂の裂帳や丸帯など、私の身の丈をはるかに超えた貴重なものが私の元に集まってくるようになったのです。


薄茶に濃い葡萄《えび》色の亀甲絣が並ぶ上品な結城縮です。

反物の幅に並ぶ亀甲の数で、結城紬のお値段がほぼわかってしまうということですから、百何十もの亀甲が整然と並ぶこの縮も高価なものに違いないのですが、選ぶ基準は、ただただ、色の具合や、布の風合いなど、あくまでも個人的な私の感覚です。

合わせた袋帯「天平彩管文《てんぴょうさいかんもん》」は、正倉院に伝わる宝物「刻彫尺八《こくちょうしゃくはち》」にほどこされた文様を写したもの。淡い鼠色にわずかに緑の絵の具をたらしたような地色に浮かぶのは、天平の婦人たちが楽しげに集う姿です。鳥や蝶が舞い遊び、宝相華《ほうそうげ》に彩られた婦人たちがまとう、唐の影響を色濃く受けた袖の長い衣。柄を織り出す葡萄《えび》色の糸にわずかに添えられた金糸も、さりげなく使われているところが魅力で、結城など贅沢な紬との組み合わせに力を発揮します。

実は、この結城と天平文様の帯は、ある方から拝借したもの。ある方とは、日本橋で代々、紬

を扱ってこられた老舗の問屋「秋場」の社長、秋場和幸さんです。昨年高島屋を退職なさった加瀬さんのご紹介で、お友だちのようなお付き合いをさせていただいている秋場さんが、ご高齢の伯母さまのきものや帯を見せてくださったことがありました。華やかな訪問着のような、およそゆきから、ちょっとした外出用、お茶席や観劇に着ていらしたのかなと思われるきものや帯。日常生活のほとんどをきもので通していらっしゃる伯母さまのワードローブは、染めや織りなど、多岐にわたり興味深いものでした。その中から、大好きなきものと帯を勝手に組み合わせ、ちゃっかり拝借してしまいました。加瀬さん、秋場さんに感謝です！

きもの—薄茶の地に濃い葡萄色の細かな亀甲が並ぶ結城縮。**帯**—龍村平藏作「天平彩管文」。正倉院の宝物「刻彫尺八」にほどこされた文様を写したもの。織り出された文様は、宝相華に鳥や蝶、そして唐風の婦人たち。**帯締め・帯揚げ**—帯締めは白橡（しろつるばみ）の高麗組。縮緬の帯揚げは栗梅。**小物**—李朝の円卓の上に見えているのは、河井寛次郎作「白磁面取番茶器」（四四頁）、河井寛次郎作「スリップウェア銘々皿」、馬の目皿（四三頁）。**菓子**—「中里」の「揚最中」（四三頁）。

正倉院の尺八

挿話一

二枚の「藍の竹」

急に黄ばんではらはら落ちる竹の落葉期をさす「竹の秋」は、陰暦三月のころの季語です。その後、枯れた葉におおわれたやわらかな土のあちこちに顔を出す筍は、あっという間に成長を続け、今にも先輩の竹に追い付かんばかりに高く伸びるのですが、その若い枝や葉はいかにも優しくしなやかに見えます。

四十年ほど前、嵯峨野、野々宮のあたりで品川恭子先生が目にしたのが、そんな「竹の秋」の景色でした。

夜が明けてまもない朝靄《もや》の中、小柴垣が続く野宮神社周辺を散策していた先生が見上げると、そろそろ消えかかろうとする靄に朝日が差し込み、竹の先に伸びる細い枝ややわらかな葉が、藍色に見えたことがあったとか。行き交う人もまばらな竹林に吹くかすかな風。その風に揺れ、さやさやと軽やかな音を奏でる竹の若葉の印象が、やがて友禅の訪問着のモチーフになりました。

品川先生が二十代の後半に、伝統工芸展に初めて出品し、入選した作品は「藍の竹」の前身、翠紗《すいしゃ》と呼ばれる透け感のある夏の布に描かれた「竹さやか」です。先生が、『竹さやか』には、こんなにたくさんの竹が描かれていなかったのよ」とおっしゃるくらい、確かな筆致で描かれた無数の細い竹が、紬の地に縦横に走る「藍の竹」で、嵯峨野の「竹の秋」の景色は完成します。

私が初めて宇治の先生のお宅にうかがったのが、数年前。アトリエで見せていただいた「藍の竹」は、一九八八年に資生堂ギャラリーで開かれた個展に出された作品です。染められた地の色は、光の加減でうす紅色を浮かべて見えるごく淡い鼠色。先生の作品

二枚の「藍の竹」

に共通する簡潔な輪郭に、藍の濃淡だけで表現された竹は、情緒的な甘さや思わせぶりを一切排除した、静かなストイシズムを感じさせます。細い枝の一本一本が完璧に柄合わせされ、仮絵羽《かりえば》の形で衣桁《いこう》に掛けられたこのきものを拝見すると、華奢な枝や、やわらかな若葉の重なりが、スケッチブックからそのまま写されたような、写実的な印象を受けるのですが、目を凝らすと、すべてのディテールが完璧に計算され、独自の形に姿を変えていることに驚かされます。しかも、染められた色は藍の濃淡だけ、それが、静かに、でも雄弁に語りかけてきます。

特に愛着をもたれ、長い間手放さずにご自分のそばにおいていらしたというこの「藍の竹」。先生が手放したくない理由は他にもありました。友禅という染色の手法は、下絵のあとの作業、防染のための糸目糊置《いとめのり》きが大きな特徴です。「藍の竹」にびっしりと描かれた、細い細い竹の枝に糊を置く作業は、たしかに大変。「心もからだも、若いころのような、細い枝を表現するしなやかさがないのでは……」と思っていらしたのです。

織りのものばかりで、染めのきものに馴染みのなかった私が、すっかり魅せられてしまった「藍の竹」は、幸せなことに、先生のお宅にうかがった日からしばらくして、私のところに送られ、畳紙を開けると、地と同じ色に染められた八掛の裾の部分には、手折ったような竹のひと枝が描かれていました。

先生が大変な思いで、あのきものを譲ってくださったということは重々承知していたのですが、先生とのお付き合いが何年かに及び、生来の図々しさをお見せするようになって

「藍の竹」の下絵。墨で描かれたしなやかで繊細な竹の枝から、筆致の確かさが伝わる。

二枚の「藍の竹」

紬地に描かれた「藍の竹」。布の風合いに受ける光の具合で、地の色にかすかな紅が浮かぶ。

透け感のある、紗に描かれた夏の「藍の竹」。日にかざすと、透ける布に重なる竹の枝が美しい。

二枚の「藍の竹」

しまった私は、ある日、ずいぶん大胆なことを思いつきました。夏の「藍の竹」を作っていただくことです。

透け感のある素材がお好きで、描かれたモチーフが、布の重なりで見せる表情を面白いと、日ごろおっしゃる先生に、もう一度、夏の素材で作っていただけないかとお願いしてみたのです。蛮行と言えなくもない、厚かましいお願いに、一瞬、戸惑ったような様子の先生から「新しい作品を作る気持ちで、挑戦してみましょうか」、そんなうれしいご返事をいただきました。

またまた、大変なお仕事の末、完成の日を迎えた、もう一枚の「藍の竹」。藍色の濃淡を挿したしなやかな竹は、透ける紗の生地ゆえに、日にかざすと幾重にも美しく重なり、さやさやと通り抜ける風を感じる、竹の林の景色になりました。

色目を藍の濃淡だけに抑えた「藍の竹」に合わせた帯は、いずれも色目は茶に近い色です。袋帯は牡丹唐草文様の中世裂の復元。「三井寺《みいでら》」という名の甘やかな色の取り合わせの帯締めに、やや赤味を帯びた茶の縮緬の帯揚げを添えて、全体に優しげな印象です。

夏の帯は、シナ布の無地。紗の訪問着にこのざっくりした帯の組み合わせは、本来の決まりごとからすると、少々ルール違反かもしれませんが、焦茶の無地の高麗組に絽《ろ》縮緬の帯揚げを添えると、とても馴染んでしまいました。

第二章　夏の周辺

藍の上布

やや黒味を帯びた深い藍色の地に精緻な絣柄が並ぶ、宮古上布《みやこじょうふ》です。

越後上布とともに、贅沢な夏の装いの双璧をなす、宮古上布の原料となる苧麻《ちょま》は、イラクサ科の多年生の低木で、別名を「カラムシ」とも呼ばれます。宮古上布の大きな特徴とされる、蠟《ろう》を引いたような光沢は、甘藷《かんしょ》の糊付けと、熟練を要する砧打ちによって生まれます。

深い紺地を染める、琉球藍は、本土の藍染の原料となる一年生草本の蓼藍《たであい》とは異なり、キツネノマゴ科に属する多年草。染める藍の濃度が増すにつれ黒味を帯び、やがて黒か紺か見分けがつかなくなるのが琉球藍の特徴です。雨量の多い亜熱帯の土地、しかも山岳地帯で生育する琉球藍の栽培、収穫、そして藍作りは、長年にわたって培われた感覚と、かなりの重労働を要します。現在、琉球藍の生産は、沖縄本島の伊豆味《いずみ》という土地で伊野波盛正《いのはせいしょう》さんのお宅、たった一軒になりました。

伊野波さんの作業場で作られる、藍染めのもととなる「泥藍《どろあい》」は、宮古上布や、芭蕉布《ばしょうふ》、琉

藍の上布

球絣に紅型《びんがた》など、琉球の布にはなくてはならないもの。沖縄の染織を支える陰の主役です。

三線《さんしん》が奏でる哀愁を帯びた島唄の音階に、胸を打つエイサーの響き。いつのころからか沖縄は私にとって大切な存在になりました。日比谷の野外音楽堂で開かれる琉球フェスティバルに出掛けたり、至極当然のなりゆきですが、久米島紬や芭蕉布、木綿の美絣《びがすり》、紅型に藍型などといった沖縄本島や周辺の島々で生まれた布に、強く心引かれています。ところが、自然環境もほぼ同じ亜熱帯の島、宮古島で織られた布、宮古上布には、他の布のもつ南の国特有のおおらかさとは、明らかに異なる美しさと趣を感じていました。

かつて宮古や八重山といった島々には、そこに住む人びとを苦しめる人頭税と呼ばれる税制度がありました。税の課せられた地域や時期については諸説あり、意見のわかれるところのようですが、この過酷な税制は明治政府の廃藩置県により沖縄県として日本に含められてもなお続きます。ようやくこの制度が撤廃されたのは、今から百年あまり前の明治三十六年、一九〇三年のことでした。

数え年十五から五十歳の男女すべてに頭割りで賦課し、男は粟、女は上布が上納品となりました。女たちに課せられた人頭税ともいうべき宮古上布。自宅での作業は許されず、昼間でも南国の日射しを通さぬ薄暗い小屋の中、監督役の村吏の目を恐れながら、黙々と糸を績《う》み、織っていたと伝えられています。精度を要求される織りの作業。織りむらが見つかれば、織り手だけでなく関係者も処罰されたという状況の中で、あの美しい布は織られていました。

人頭税が廃止されてたかだか百年しか経っていないという事実は、私にとって少なからずショックでした。

深い紺地に十文字や亀甲といった繊細な絣の柄、艶やかな光沢を放つ蝉の羽根のようにはかなげな布が生まれた背景を思う時、明るい夏の日射しの中で身にまとう上布に、言いようのない愛着が生まれます。

きもの―かつて、藍上布とも呼ばれた、宮古上布は濃紺の地に精緻な絣柄。織り上がると丹念に砧打ちがほどこされ、布の表面に蠟引きしたような光沢が生まれる（松原誠コレクション）。**帯**―シナ布は、シナの木の樹皮を水に浸けたり、灰汁で煮たりとていねいな処理をほどこしたあと取り出した繊維で織った布。藤布などとともに趣のある夏帯の素材。**草履**―パナマの台にすげたのは、帯揚げの色に合わせた茜色の絽の鼻緒。

雪で晒して

幼いころ、家の周囲の道路は、舗装もされていない石ころだらけの砂利道でした。クーラーなどという名前すら馴染みのない時代です。開け放った窓から聞こえてくる物売りの声に往来をのぞくと、色とりどりの風鈴が塀から見えかくれする、そんなのどかな風景が残っていました。

小学校に上がるか上がらないかのころの記憶です。

少し汗ばむほどの季節、お天気続きで、車の往来のたび、砂埃が舞い上がるような通りの向こうから、革靴を真っ白にした「塩沢のおじちゃん」がやって来ます。

ひと抱えほどの反物を包んだ大きな茶色の木綿の風呂敷を背負い、やや前かがみに歩く、私の記憶の中のおじちゃんは、決まって袖をたくしあげた白いワイシャツに、裾がダブルの黒のズボン姿でした。どこかのお店の屋号を藍で染めた手ぬぐいを、腰のベルトから抜くと、額の汗を拭い、冷たい麦茶を美味しそうに飲み干して、心待ちにしている母の前に塩沢の着尺を広げます。

生まれ育ったのは上越の国境に近い町。川端康成の小説『雪国』に登場する清水トンネルを抜け、

雪で
晒して

越後からやって来る行商の人たちの姿は、そう珍しくもなかったのです。

きものが大好きだった母の、ほかの人とはどことなく雰囲気の異なるきもの姿は、私たち子供の目にもとても格好良く少々自慢で、六つ違いの弟など、授業参観の日、母にきもの姿で来て欲しいとせがむほどでした。

簞笥の抽き出しには、父のために揃えた何枚かのお対《つい》も含め、このおじちゃんから譲っていただいた塩沢が残されていました。母が亡くなってしばらくしたころ。整理していた母の小簞笥の中から出てきた赤い手帳に、塩沢の織り元の方のお名前があったと、きもの、きものと騒いでいた私が喜ぶと思ったのでしょう、義妹から電話がありました。

早速送ってもらった手帳にあった「塩沢」という文字が懐かしくて、いつだったかお電話してお訪ねしたことがあります。

冬ともなれば、あたり一面雪景色に変わる魚沼地方の一角に位置する塩沢町。美味しいお米、

コシヒカリで有名な、塩沢紬の故郷は、越後上布が織られた土地でもありました。

お訪ねした機屋《はたや》さんは貝瀬さん。晩年の母が時折お訪ねしたというこの方は、例の「塩沢のおじちゃん」のこともよくご存じだった様子で、奥様の心づくしのお漬物や、お煮しめをお茶請けにいただきながら、ひとしきり、母やおじちゃんの思い出ばなしが続きました。

ご自身も機に向かわれる貝瀬さんが見せてくださった高機と、越後上布を織る地機。「これが宝物なんです」と大事そうに指さした壁には、上布の素材となるカラムシが掛けられていました。もともとはこのカラムシの生成の色をした上布が、「雪晒《ゆきざら》し」と呼ばれる、雪とお日様の天然の漂白作用によって、はかなげな純白の布に変わるということや、「雪晒し」をなさるのが六日町の古藤さんという方おひとりになってしまったということをうかがったのも、確かその時でした。


白地に細かな亀甲絣の越後上布です。

新潟の大きなお家の蔵の中で、糊抜きもされず長い年月しまわれたままの布の表面には、黒いしみが浮いていました。とても細い糸で織られた薄い布、越後上布は、一反の長さの布を巻いても細い筒ほどの太さしかありません。糊抜きされていないために、びっしりとしみが浮いた無惨な様子が、よけいに気の毒で哀れでした。

まだ夏の盛りのころに、塩沢の貝瀬さんにお電話してみました。古藤さんに雪晒しをお願いできないか、聞いていただこうと思ったからです。快く引き受けてくださりそうな気配に、小躍りして喜んだものの、実際にお送りしてみると、「もしかすると無理かもしれませんよ……」とい

うご連絡。それほどひどい状態だったのです。

雪解けのころ、晴れた日を選んで行われる雪晒しのメカニズムは、解けかけた雪と紫外線の作用で発生したオゾンが、麻に含まれる色素を分解するというものです。しかも布の堅牢度を高め、しなやかにするという、化学式など存在しない昔の人の、すばらしい生活の知恵でした。

待ちに待った貝瀬さんから、お電話がありました。

「取れましたよ。こんな上布はもう織れません。大切にしてください」。たいそう興奮した様子でした。すぐそばに古藤さんもいらしたようで、職人気質のおふたりの満足そうな様子が、手に取るようにわかる、晴れやかな口ぶりでした。

ほどなく、私のところに戻ってきた、真っ白な美しい布には、たくさんの人のさまざまな思いがたくさん込められています。

きもの―白地に細かな亀甲柄を織り込んだ越後上布は、親しくさせていただいている古着屋さんが持ってきてくださったもの。**帯**―茶に浅葱の濃淡の変わり格子が、モダンで若やいだ印象を添える八重山上布の帯。**帯締め・帯揚げ**―帯締めは白橡の高麗組。絽縮緬の帯揚げは紅樺色。**椅子**―昭和三年の山葉の文化椅子（祥雲コレクション）（六七頁）。

高麗組は「香色」

新潟の親戚の家に法事があり、冬の関越道を走ったことがありました。雪がちらつき始めた上越の国境を越えるあたりで日が翳ると、「チェーン着装」や「減速」のサインが繰り返し点滅し、高速道路の両脇に迫る山並みはすっかり雪におおわれてしまいます。時折、道の左右に現れる夢のような光景は、ナイターの照明に照らし出されたスキー場のスロープです。斜面に沿ってリフトが何本も走り、鉄柱に明かりがともって、まるでクリスマスツリーのようにも見えました。次々と幻のように現れては消える、この光景を目にし、あらためてスキー場の数に驚かされたものです。あのあたりが、越後上布のふるさとであることを知ったのは、それからずっとあとのことでした。

江戸時代、越後の国、塩沢に生まれた鈴木牧之が書きしるした『北越雪譜』にこんなくだりがあります。「雪中に糸となし、雪中に織り、雪水に洒《そそ》ぎ、雪上に曬《さら》す。雪ありて縮あり。されば越後縮は雪と人と気力相半して名産の名あり。魚沼郡の雪は縮の親といふべし」。

高麗組は
「香色」

ここに書かれた越後縮とは、昭和三十年、重要無形文化財の指定を受けた越後上布のこと。古くからこの布が織られた、魚沼地方のあたりは、雪が深いことでも世に知られた土地です。

越後上布は苧麻を材料とする、贅沢な平織りの夏の布。一般に麻と呼ばれる繊維は、乾燥に弱く、折り曲げられると脆いという性質があります。湿り気を与えることで強度を増す、苧麻で織られる越後上布にとって、雪深いこの地は、まさに願ってもない環境でした。

「苧《お》績《う》み」に始まり、「縒糸《よりいと》」「綛《かせ》つくり」「糸晒し」「絣つくり」「染色」「糸くり」「機こしらい」「管巻《くだま》き」「織り」「雪晒し」「仕上げ」など、どの工程をとってみても骨の折れる手仕事。その上、地機で織られる上布一反の完成には、細かな柄で半年あまりの時間を要します。日本有数の豪雪地帯であるこの土地の、地理的、気候的条件が作り上げた、そこに住む人の忍耐強い精神と肉体もまた、上布には欠くことのできない条件でした。

数年前、ご縁があってお邪魔した塩沢の織り元のご主人が「このあたりにはスキー場の数も増えて、冬場の現金収入も入ります。辛気臭い仕事なんかする人は少なくなりました」とつぶやくようにおっしゃった言葉が思い出されます。

とても地味な色目の縞の越後上布です。身に着けた時のひんやりした感触は、この布が、経糸も緯糸もともに手績みされた苧麻で織られた上布であるということの証。

大胆な牡丹唐草の帯を合わせてみました。珍しい麻の袋帯です。渋い色調なのに、華やかな存在感があります。

帯揚げは栗梅の色に染めた絽縮緬。帯締めは香色《こういろ》の無地の高麗組です。平たく組んだだけのと

てもシンプルな紐に見えて、組織の繊細で緻密なこと。組まれた糸の重なりが、控えめで美しい陰翳を作り、周囲に気持ちのよい緊張感をもたらします。

池之端の組紐のお店、「道明《どうみょう》」さんが送ってくださる、色糸を貼った和紙には、色の名とその由来が添えられています。時折、気に入った色に出会うと高麗組を組んでいただいています。中でも大活躍の「白橡」「赤白橡」「香色」の三色はどれも大切です。少しずつ赤味を増していく三本を、帯に代わる代わる載せてみると、帯の表情がまったく変わって見えるのが不思議です。渋い色調にまとめた越後上布と牡丹唐草の取り合わせには、香色が「私の出番」とばかりにぴったりおさまりました。

きもの―地味な色合いの縞の越後上布。**帯**―麻の袋帯。渋い色調ながら、存在感のある牡丹唐草の文様。**帯締め・帯揚げ**―帯締めは香色の高麗組。帯揚げは栗梅。**小物**―茜色の更紗模様が優しい麻の座布団（祥雲コレクション）。根来の折敷に載せた、古渡りの金彩ガラスの皿。九谷の玉露茶碗に錫の茶托。**菓子**―金沢「石川屋本舗」の「かいちん」（七六頁）。

高麗組は「香色」

紅型を写して

宇治にお住まいの品川先生を誘って、上田晶子さんのお宅をお訪ねしたのは、六月の終わりのころでした。

お仕覆《しふく》作家の上田さんが、長年にわたって集められた貴重な古裂を見せていただくのが目的の私設博物館見学は、半日がかり。三人分のバラちらしのお弁当持参で出掛けました。何度かお邪魔するたびに見せていただいている私にとっては、ペルシャや中国の錦、インドの更紗など、美しい古い布を手に取り、「わあっ、きれい！」と歓声をあげる品川先生の様子を拝見することも楽しい時間でした。

だいぶ前になりますが、幸運なことに、額におさめた正倉院裂を間近に見せていただけるという機会がありました。奈良の博物館で一年に一度、それもガラスケースに、鼻をくっつけるようにして憧れのまなざしを向ける裂を、額に入っているとはいえ、手に取って見られるのです。まさに千載一遇の好機とばかりに、先生にお知らせすると、年末、霙《みぞれ》がちらつくような寒い日にも

かかわらず、宇治から駆けつけ、淡い葡萄《えび》色の夾纈《きょうけち》の小さな裂を長いことご覧になっていらっしゃいました。その時の「これ、やってみたいなあ」のひとことが忘れられません。以来、この言葉を聞きたくて、折を見つけては、展覧会のお誘いなど、先生を引っ張り出してしまいます。

上田さんのコレクションの中にも先生がそんな感想を持たれた一枚の布がありました。明の刺繍裂です。もともとは鮮やかなさび朱のような色だったと思われる地の色は、時を経てくすんだ茜色に変わっていました。やや透ける、紗にも似た布に、揚羽蝶に金魚、石榴《ざくろ》、瓜、葡萄、蔓花、壺に貝など、どれひとつとして同じもののない文様が、絶妙の色合わせで表現されていました。

そして、十月、東京で開かれた「品川恭子染色展」。会場に展示されていた訪問着「唐衣《からごろも》」のモチーフは、あの刺繍裂の意匠でした。

布の表面に陰翳をもたらす織りや刺繍と、染めは、受ける印象が異なります。制作の途中、「染めで表現できるかどうか、自信がないのよ……」電話口でたびたびお聞きする先生の口癖でしたが、会場の作品は想像をはるかに超えるものに変わっていました。

正倉院の文様や、桃山の工芸品、琉球の紅型模様など品川先生が心引かれる先人たちの遺産は数多くあり、作品にもこうした意匠に影響を受けたモチーフは今までにも多く見られますが、いずれも文様の写しにとどまらない、品川先生独自の方法で昇華された世界です。

従来の友禅の技法に加え、型染めや蠟描き、面相筆を使った辻が花風の絵付けなど、選ぶ手法の自在さ、無駄な要素を削り落とした潔い輪郭と構成力に、濁りのない色使いで生まれた作品は、完成までの品川先生のご苦労とか迷い、そんなものはまったくなかったかのような印象さえ受け

てしまう清々しさが漂います。

たとえば、この紅型写しの柄。雲型や桜、雪持ちの芭蕉の葉に笹は、品川先生がお好きな琉球の染織の図録にあった布からヒントを得たもの。友禅の手法で描くこれらの紅型の模様は、糸目糊置きを少しだけ太くすることで紅型独特の素朴さを残しつつ、洗練された造形に姿を変えています。紗や絹芭蕉といった夏の素材がお好きとおっしゃる品川先生が、秋口に着るのにふさわしい単衣に選んだのも、糸にセリシンと呼ばれる膠《にかわ》質を残した張りのある生地です。縮緬のようなやわらかものの肩に添う心地よい重みとは、まったく趣を異にする、張りのあるこの布に描かれた文様は、布の風合いとも相まって、墨色の地に、より浮き立って目に鮮やかに映ります。

合わせたのは北村武資《たけし》作、八寸の羅《ら》の帯。生成りの糸で織られた文様は菱文です。正倉院や法隆寺に伝わる裂の中にも多く見られる「羅」と呼ばれる織物は、中国文化を手本とした当時の日本の貴族階級が、その軽やかで典雅な美しさを求めたという複雑な組織で構成される布です。

絽縮緬の帯揚げの杜若《かきつばた》色と、「道明」で見つけた笹浪組の帯締めの二色を加えて、秋を感じつつ夏の名残りを惜しむような、しっとりした組み合わせになりました。

きもの—墨色に近いグレーの地に、雪持ち芭蕉、笹、桜、雲型がくっきり浮かぶ、友禅の単衣「紅型写し」は、品川恭子作。**帯**—北村武資作、生成りの上代羅菱文。**帯締め・帯揚げ・小物**—帯締めは二色使いの笹浪組。杜若色の帯揚げと檜皮（ひわだ）色の風呂敷は絽縮緬。丸い李朝の卓に置かれた扇の袋の布は、明の蜀江錦（しょっこうにしき）。お仕覆の作家・上田晶子さんからプレゼントされたもの（八一頁）。

第三章　「織り」さまざま

糸の恩返し

綿は一年生作物。アオイ科に属し、夏のころ、やわらかな葉の間から白やうす紅の芙蓉に似た可憐な花を咲かせます。

我が国の、産業としての綿花の生産はかなり以前に途絶えてしまい、今では、こだわって手紡《てぼう》の木綿を織り続ける、一部の作り手のために栽培される程度になりました。

初秋に収穫する種は、毛状の繊維に包まれています。からからに乾いた枝の先に付いた愛嬌のある綿花。お日様の光を浴びたぬくもりを、指先に感じながら摘み取った綿から、ていねいに種を取り除くのは、昔の洗濯機に付いていた搾り機を小さくしたような、木製の道具です。ひとつずつローラーの間の細い隙間に挟んでハンドルを回し、手前にコロコロと種を落とすと、反対側にふわふわのかたまりが現れ、糸つむぎの準備の完了です。

「糸は大事。なるべく無理のないように糸を引くと、その分織り上がった時に恩返しをしてくれる」。以前、取材でお訪ねした、紬の織り手の方からうかがった言葉が思わず浮かんでくるよう

な、素朴な手作業が続きます。機械を使わず、人の感覚をたよりに無理せず優しくつむいだ糸を、藍甕に何度もくぐらせて染め上げ、その糸で織り上げた布を身にまとうと、からだの奥のほうからじんわり温かくなってくるような、うれしさがこみ上げてきます。

羊の毛を刈り取ったままの原毛にも、ホワイト・ウールのほかにブラウン・ウールがあるように、綿にも、薄茶に染めたような茶綿があることを知ったのは最近のことでした。茶綿は白綿と比較するとずっと収穫量も少ないようです。そんな貴重な茶綿を使ったこの単衣も、手紡の木綿にこだわり続ける作り手の作品です。

数年前のこと、私の仕事場からほんの四、五分という絶好のロケーションにある「伊兵衛《いへえ》工房」の高林淑子さんから頂戴しました。「あげる！」いつもこのひとことで到来物のお菓子などをくださるのですが、このきものもそんな風にして私のところにやって来ました。

畳紙にも入れず無造作にデパートの紙袋に入れてくださったので、オフィスに帰りテーブルの上に広げても、目の前の木綿はなんだかグシュンとしています。手紡の木綿はすこぶる控えめ。見かけはとても素朴で、皺を伸ばしてあげても、おすまし顔にはならず、どこまでも普段着の表情のままです。

高林さんが十五年あまり前に「芥川」さんで購入なさったということをうかがえば、素性も正しい贅沢なものに違いありません。今では、手紡の木綿で織られた布は大変高価なものになってしまいました。

しばし思案の末、選んだ帯を載せ、帯締め、帯揚げを添えてみます。

藍色の帯に使った古い裂は、きものを始めたばかりのころ、骨董通りの「古民藝もりた」さんで見つけた大きな暖簾でした。経糸と緯糸は麻と綿。ウインドー・ペーンのようなモダンな雰囲気が気に入っています。やや赤味を帯びた茶の紐に茜色の絽縮緬の帯揚げを合わせたら、あのグシュンがなんとも言えない「格好良さ」に見事に豹変していました。

きもの―空気を含み、ふんわり弾力のある、茶綿からつむがれた糸。紺の濃淡に染められた糸が作る、井桁格子の繰り返しが、面白い景色。**帯**―古い大きな暖簾で仕立てた帯。経緯に麻と綿を使った大胆な格子柄。**帯留め**―新宿、花園神社の骨董市で購入した鹿角の根付。**小物**―古い格子の木綿を貼った裂帳（八八頁）。籠に重なるのは丹波布など（九〇頁）。

マロニエの並木道

藍の濃淡に染めた糸で織られた、おおらかな格子です。ごわごわとした風合いが、少々手強そうな印象を与えるこの布ですが、鏡の前に立ち、袖を通してみると、綿の実の収穫から機織りにいたるまで、作り手から注がれた愛情と、藍の布の持つ力が伝わって、表情がふわっとやわらかくなり、元気になっていくのがわかります。

格子柄の木綿の単衣に、インカの鳥の文様を織った、茶のすくいの帯を合わせ、根津后方子《みほこ》さんに着ていただくことが決まった時に、なぜか頭に浮かんできたのは、懐かしい図書館や学校の風景でした。

撮影にお借りした場所は、駿河台の文化学院。近年ずいぶん様変わりしてしまった東京の街の中にあって、マロニエの並木道の周囲に、比較的昔の面影を残すこのあたりに建つ、木造の洋風建築の校舎です。ドーム型のエントランスを抜けると、中庭を取り囲むような校舎が目に入りま

す。自由闊達を旨として、大正十年、一九二一年に創立。与謝野鉄幹、晶子夫妻を初めとする当時の教授陣も魅力的だったこの学園が、戦前戦後を通して輩出した個性は多彩で、個を尊重する校風は変わらず、現在もなお受け継がれています。

学生時代親しんだ御茶ノ水界隈は、好きな町です。大学を離れて数年が過ぎたころ、懐かしさもあり、この近くのフランス語学校に通い始めました。

週に三回ほど、仕事を済ませ、教科書や辞書を抱えて電車に飛び乗り、御茶ノ水駅から小走りに駆けつけた教室では、高校生や大学生、さまざまな職業の人たちに交じって、カトリックのシ

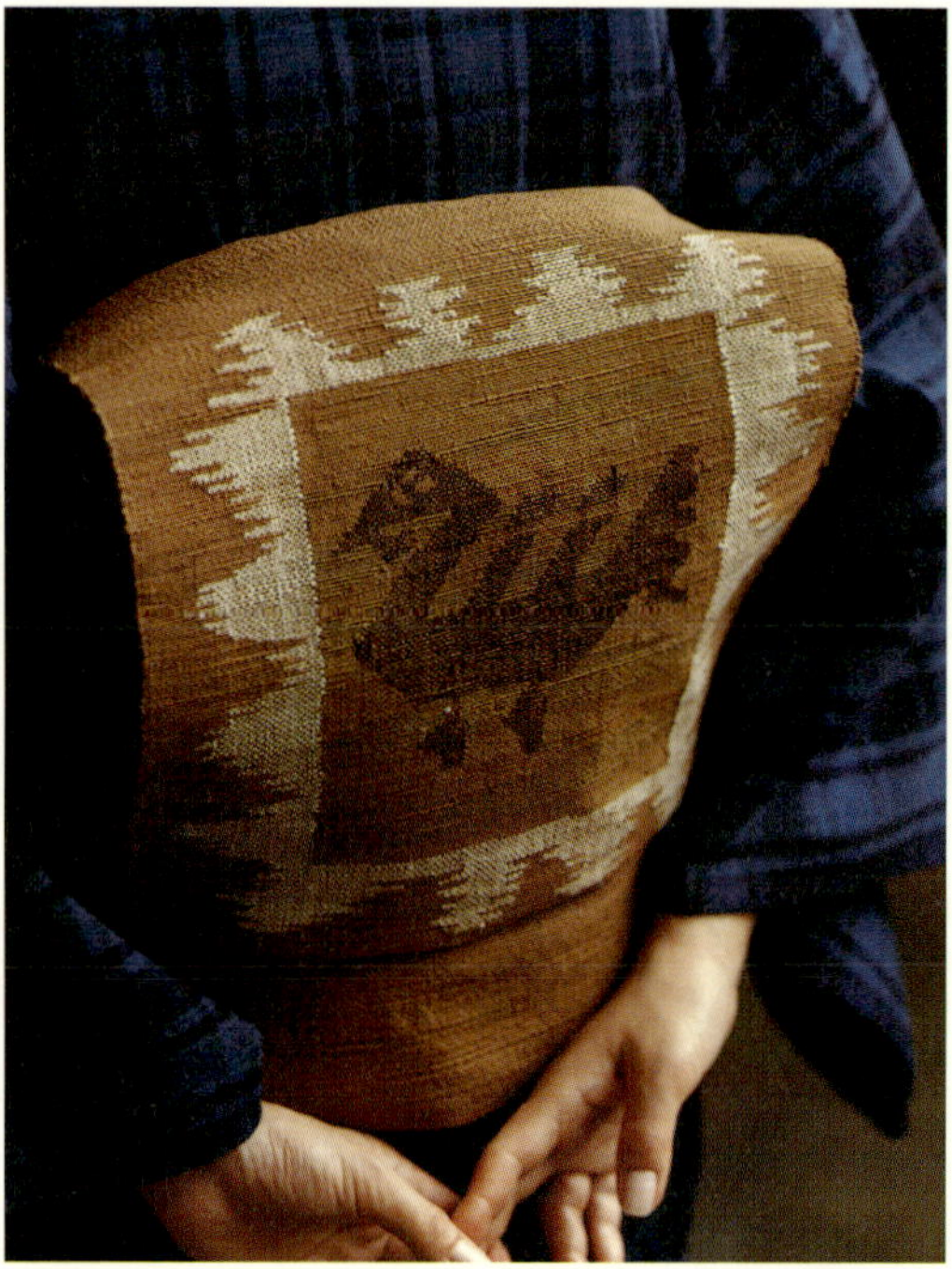

スターたちも机に向かっていました。毎回出席するのが楽しみだった書き取りのクラスでは、初老のフランス人教師が悲しみに表情をくもらせ、アルザス・ロレーヌの小学校教師になりきってしまったかのように、ドーデの『最後の授業』を朗読します。

谷崎潤一郎の『陰翳礼讃』や夏目漱石の短編『夢十夜』を私たちに仏語訳させるなどという、文豪たちが目を丸くしそうな、何とも大胆な授業もありました。黒板の前におかれた肘かけ椅子にどっかり腰をおろし、ずり落ちそうな眼鏡から優しいまなざしをのぞかせて、辛抱強く生徒たちの「名訳」を待つ老神父の姿も、久しぶりに過ごす学園生活を満喫するのに十分すぎるほど魅力的でした。このクラスに出席しなくなってしばらくしたころに、神父様が癌の手術を受け、函館で一時期過ごされていたこと、その後清瀬で療養され、亡くなられたことなど、人づてに聞きましたが、確かな消息はわからずじまいになってしまいました。リノリウムの床を、黒い神父の服に身を包み、大きなからだを揺らしながら歩いて教室に向かう、神父様の笑顔を忘れることができません。

フランス映画にも夢中になっていたころです。戦前のものから、ヌーベルバーグの作品まで、まだ都内のあちこちに残っていた名画座や、焼ける前の京橋のフィルムセンターにも足をのばし、何本もの映画をはしごしてしまう日もありました。時折、講堂で上映会が開かれれば、コクトー映画の常連、ジャン・マレーや、ジェラール・フィリップの美しい姿に熱狂し、帰り道、線路に沿って流れる外堀から吹き付ける冷たい風すら心地よく、フラノのパンツにタートルネック、ピーコートの襟をたて、夢見心地で歩いたものです。二十代の後半のことでした。

それからまた、二十年あまりの月日が流れてしまいましたが、今でも、少しまとまった時間が

あると、つい足が向いてしまうのは神保町のあたりです。バブルのころの一時期、地上げにあってお店をたたんでしまった何軒かを除けば、靖国通りに並ぶ、古本屋さんが掲げる看板は変わりません。

大きなショーウインドーに分厚い画集を並べた「松村書店」は、海外の美術書を専門に扱う本屋さん。学生時代、『美術手帖』に連載されていた坂崎乙郎の「イメージの変革」を読んで初めて知ったエゴン・シーレの画集を偶然目にしたのもこの店でした。

そして、必ず立ち寄るのが「一誠堂書店」です。天井の高い、ヨーロッパの建物のような店内に一歩入ると、古本独特の匂いが立ち込め、うきうき気分が高まります。靴音を立てるのもちょっとはばかられる二階のフロアーは、まるで図書館のような静寂な雰囲気。コンピュータの画面を前に働く、司書風の方たちの姿を横目で見つつ、図録を棚から引っ張り出しては、しばし眺めるという至福の時を過ごします。

いつもの古書店を何軒か回って歩けば、喉もからからになってしまいます。そんな時、ずっしりと重い戦利品をぶら下げ、向かうのは、きまって裏通りの喫茶店「ミロンガ」です。古いタンゴの曲を聴きながら、渇いた喉を潤し、おもむろに紙包みを開けて、読書タイムとなります。

気がつけばもう何十年も続いている、ひそかな私の愉しみ。これからも、まだまだしばらくは続きそうな気配です。

きもの―着る人を元気に見せてくれる藍のきもの。藍の濃淡に染めた糸で格子柄を織り上げた、手紡の木綿の単衣。
帯―八寸のすくい。柄はインカの鳥の文様。

古い縞帳から

「黄八丈は夢。いつか着てみたい」。ひとまわりほど年の離れた、若い友人がそんな風に言っていたのをふと思い出しました。きっぱりとした経緯格子や縞柄、そして何よりも、あの明るくおおらかな黄色は確かにすばらしく魅力的です。

黄と鳶《とび》と黒。黄八丈の染め色はこの三色に限ります。中でも最も印象的な黄色は刈安《かりやす》の葉が原料。中秋のうちに刈り入れ、乾燥した葉を煎じた液に、糸を一晩漬け込み、乾燥するという作業を、二十回から五十回ほども繰り返し、最後に椿と榊の灰汁《あく》に浸けて染められた色です。

鳶色は、光を発するような黄とは対照的に、光を内に含むような暖かみを感じさせる色。樺色ともいわれるこの色の原料は八丈の方言で「まだみ」と呼ばれる木の皮を煎じた液、灰汁には「いろり」の灰を用います。この染め液と灰汁に浸ける作業がここでも幾度となく繰り返されます。

三つめの色、椎の皮を染めの原料とした黄八の黒はごく濃い焦茶。染められた細い糸一本をほぐし、その切れ端を日にかざして見ると、この色がごく深い焦茶であることがよくわかります。

丹念に堅牢な染めをほどこした糸で織られた布は、年を経るごとに、その輝きに味わい深い趣が加わります。

今ではすっかり高価な工芸品になってしまったこの美しい布ですが、何十年か前までは、八丈の島の、どの家にも機があって、女性たちの手で織られていたものと聞きました。かつて日本各地で養蚕がさかんに行われていた時代、この島でも蚕が飼われ、夜、家族が寝静まるころともなると、シャリシャリと蚕が威勢良く桑の葉を食べる音が、屋根裏の蚕の棚から聞こえてきたそうです。

さて、件の黄八丈は黒地に黄の格子柄。うかがうたび、工芸的な色彩の濃い個性的な織りの作品をたくさん見せてくださる、「芥川」さんで出会ってしまった一枚です。ひとしきり興奮した後おいとましたのですが、帰路、地下鉄に乗っても格子の柄が頭の中の小さなスクリーンに映し出され困りました。

黄八丈は総称で、この黒地の布は黒八丈とも呼ばれています。古い縞帳をもとに復元されたこの布を手に取り、じっと目をこらすと、細い絹糸で正確無比に織られた布の黒の地に、刈安で染めた黄の変わり格子がくっきり浮かび、織り手の技術の高さが伝わってくるようです。それにしても黄八丈の屈託のない黄色は、なんて魅力的な色でしょう。

古美術好きのある方が、古道具屋さんの店先でたまたま目にした染めの帯。名古屋帯の帯前と、お太鼓に描かれた文様が面白かったので、思わず買って帰り「どこかで見たことが……」と記憶

古い縞帳から

古い縞帳から

を辿ってみたところ、本棚にあったオリエント美術の図録にまったく同じ意匠を発見したというものです。塩瀬の布に写した柄は、十世紀から十一世紀にイランで作られた「白地多彩飛鳥文鉢」でした。

千年ほど昔のイランの鉢の文様は、黒八丈にとてもしっくり添い、その上にあしらった白玉の帯留めもまるで旧知の間柄のように馴染んで見えました。白玉の透かし彫りは、中国のもの。時代は詳《つまび》らかではありませんが、貴人の腰を飾ったベルトの一部ではなかったかと思われます。一頭の鹿が木陰に佇むほほえましい様子が彫られていました。

きもの—上質な細い糸で精緻に織られた黒八丈は、昔の縞帳にあった格子の復元。**帯**—塩瀬の、黄味がかった薄茶の地に描かれているのは、千年余り昔のイランで作られた器「白地多彩飛鳥文鉢」の文様。帯の下に見える図録は、雄山閣刊『陶器講座10　ペルシア・エジプト・トルコ』。**帯揚げ・帯留め**—縮緬の帯揚げの色は白橡。栗梅色の紐を通した帯留めは白玉の透かし彫り。**菓子**—富ヶ谷「岬屋」の「くずやき」（一〇一頁）。

木漏れ日を染めて

若葉のころの木漏れ日をそのまま写したような色彩は、臭木《くさぎ》の実と団栗の笠によるもの。ところどころにうっすら浮かぶ、ごく淡い紅色はコチニールで染められました。

石原伸子作「翠《すい》」。二〇〇三年の春に、四十八歳という若さで逝ってしまった石原さんが、一九九九年の東海伝統工芸展に出品、入選した作品です。

石原さんが染織を始めたのは三十歳の時。絵を描くことが何より好きで、イタリアルネッサンスを愛し、とりわけミケランジェロを神様のように尊敬していた少女が最後に選んだ創作の場が染織でした。

訃報を聞いたその年の夏、石原さんが人生のほとんどの時間を過ごした土地、愛知県岡崎市にうかがい、残されたご家族をお訪ねする機会がありました。

生涯愛してやまなかったヨーロッパ中世の建築や絵画を訪ねて、学生時代から始まったヨーロッパ各地をめぐる伸子さんの旅は、彼女の癌の発症後も、ご主人やお子さんたちに付き添われ続

木漏れ日を
染めて

けられました。イタリアの古い町に残る修道院の建物をイメージして、亡くなる少し前に建てられたご自宅の中庭には、優しげな色の小さな花が咲き乱れ、愛犬がお昼寝する姿が見られました。白い漆喰の壁に飾られているのは、病院のベッドで描かれた自画像です。主を失ったアトリエには、さまざまな植物の実や樹皮を原料に染められた糸が機にかけられぬまま残されていました。いずれも、残されたわずかな時間と向き合いながら、なお表現することに執着し続けた、私の知らない伸子さんの激しい姿を教えてくれるものでした。学生時代、妹の同級生だった彼女と実際にお会いしたのは数回です。「悠揚迫らず」とでもいうのでしょうか、いつの時もおっとりした物言いと、妹たちの賑やかなおしゃべりを、傍らでにこにこ眺めている。そんな姿が私の記憶の中の伸子さんです。

「翠」という名のきものに合わせる帯を描いて欲しいと友人の中川知子さんにお願いしたのは、

昨年の秋のことでした。このきものの、清潔感のある優しさを、損ねてしまうことなく、アンサンブルを奏でてくれるような帯というのが希望でした。

「地は生成りに近い淡い色で、更紗模様。柄は茶の濃淡で表現、なるべく色数は抑えて」と基本的な構想は決まったのですが、いとも安易に頼んでしまった私の身勝手さをあらためて知子さんにお詫びしたいくらい、大変なご苦労をおかけしてしまったようです。悩める日々が続いているとの連絡は時折入るものの、彼女が住む山梨県明野村から届く宅配便は食べ物ばかり。実は、知子さんも私も無類の食いしん坊。お取り寄せ情報の交換もしばしばなのです。

そうして、二〇〇四年の新年仕事始めの日、ようやく細長い段ボールの箱に入って届けられたのがこの帯でした。茶の濃淡で描かれた更紗模様。輪郭の墨の色と、ところどころにぽっと挿された瑠璃色が気持ちのいい緊張感を演出しています。

石原伸子さんのきもの「翠」に中川知子さんの「手描き更紗」の帯。ほぼ同じ年代のふたりの個性が、こんな風に出会いました。

きもの―石原伸子作「翠」は、若葉のころの木漏れ日をそのまま写したような色合い。染め色は、臭木の実と、団栗の笠によるもの。**帯**―中川知子作「更紗」。輪郭の墨色とぽっと挿された瑠璃色が心地よい緊張感を演出。**帯締め・帯揚げ**―帯締めは、赤白橡の高麗組。朱色に染めた縮緬の帯揚げ。

挿話二　琉球の布

私が初めて出会った「うちなんちゅう」は、大学生のころ、友人の恋人として紹介されたテルオ君です。入学した年は、七〇年安保の前年の一九六九年。学費値上げ反対や沖縄返還を叫ぶ学生たちで、キャンパスが騒々しい時代です。本土に復帰する前の沖縄から仕送りを受け、東京で学ぶことの大変さは、体にこたえそうなアルバイトを続ける、テルオ君の生活から容易に想像できました。周囲にいた学生たちとは比べようもないほど、誠実で純粋なテルオ君が、訥々と語る言葉は重く、頭でっかちで観念的なことばかり口にしてしまう自分が、時折軽薄に思え、居心地の悪い思いをしたことを覚えています。

もう三十年以上忘れていたテルオ君の記憶、友人も、その恋人だったテルオ君もどうしているのか、わかりません。沖縄のことを少しずつ知るようになった今になって思えば、このテルオ君こそ、典型的な沖縄の人、「うちなんちゅう」でした。

九月の終わり、石垣島の花城さんから電話がありました。「残念だけど、今年はやめにしたほうが良さそうです。来年は絶対来てくださいね！」花城敏昭さんは、以前、撮影に訪れた竹富島で、現地のコーディネーターをしてくださった石垣の人です。例年に比べ異常に多かった台風のおかげで、諦めることになったのは、彼が教えてくれた、毎年旧暦八月、十三夜の浜辺で行われる「とばらーま」の大会でした。とばらーまは、八重山に伝わる数ある島唄の中でもとりわけ美しい、恋を主題とした名曲です。伝統的な芭蕉布に身を包み、三線を弾きながら自慢の喉を競い合う大会、しかも石垣島の月夜の浜辺で、打ち寄せる波の音も心地良いに違いなく、あまりお酒の飲めない私だって、泡盛もちょっぴりく李朝の円卓に載っているのは、玉城のおばちゃんが持ってきてくれた、『沖縄織物の研究』（紫紅社刊）。開かれたページの布は、日本民藝館に所蔵されている、百五十年ほど前の宮古島で織られた鬱金染めの麻の布。

畳紙に包まれた琉球絣の地色は、車輪梅を原料とする深い焦茶。日にかざすと黄色や鮮やかな藍色、茶に染められた糸が輝いて見える。変わり格子の芭蕉布の帯は、きものを仕立て直したもの。幾何学模様の珍しい柄を織り出した、白地の八重山上布。その下に見える藍色のきものは、真栄城興盛作、木綿の美絣。

琉球の布

らいいけそうで楽しみにしていたのに……残念でした。

琉球に傾倒し始めたのがいつごろだったか、よくは覚えていません。おそらく十年以上は経っていそうです。ということは、「きもの熱」以前のこと。入り口は島唄でした。三線が奏でる琉球独特の旋律や、太鼓の乾いた音に心引かれ、いつしか琉球フェスティバルなどに足しげく通うようになっていました。そして、琉球の布との出会いが重なります。

今、この原稿を書きながら、一本のテープを聴いています。三線を弾き唄うのは、玉城弘さん。貼られたラベルの日付は、一九八三年七月二十一日。玉城さんが亡くなられる前の年に録音されたものでした。戦時下の沖縄、腕に受けた焼夷弾の破片に気づかぬまま、戦後三十年近く経って発病。腕を失っては自慢の三線が弾けぬと、なかなか手術の決心がつかず、手遅れになってしまった。そんな風に未亡人である玉城のおばちゃんが話してくれました。

知人の紹介で、風呂敷に包んだひと抱えほどの琉球の布を持って訪ねてくれたのが最初で、お付き合いが始まった、おばちゃんは本土出身でした。初対面の折、てっきり沖縄の人と思い込んでしまったくらい、優しくて、警戒心のかけらも感じられないおばちゃんの人の良さそうな笑顔。おじちゃんとの生活を続けるうちに、沖縄の風土が自然とおばちゃんのからだの中に入り込んでしまったのかもしれません。

おばちゃんが運んでくれた、平良敏子さんの芭蕉布や、大城廣四郎さんの琉球絣、芭蕉の糸と木綿で織った八重山のグンボウなどに加え、宮古上布や久米島紬など、沖縄本島や久米島紬特有の布の味わいと、こっくりした地の色が好きで、時どき袖を通したくなる一枚。典型的な絣模様を完璧な技で織った美しい布には、風格さえ感じられる。玉城カマド作。

黄色の美絣。沖縄の黄色の染め色は、鬱金や福木によるもの。袖を通すたび、琉球の布の優しい力を実感する。真栄城喜久江作。

周辺の島々で織られ、さまざまに魅力的な表情を見せてくれる布との出会いをきっかけにして、琉球という風土も、そこに住む人、伝わる文化もすべて私にとって、いつしか特別なものになりました。

またやって来る旧暦八月の十三夜。もし、台風の心配さえなかったら、また花城さんにお世話になり、石垣島の月夜の浜辺で、とばらーまと泡盛に酔いたい。そんな風に思っています。

第四章　味わい深い布

ジャワの彩段

雑誌に掲載した帯をご覧になったある方からのお電話を、編集部を介していただいたことがありました。お電話の主はこの帯の作者でした。

いわゆる「作家」という呼称を使われる方を除けば、きものも帯も作者については知られることなく流通しているのが普通です。私にとっては、作家であろうとなかろうと、作られたものが興味の対象なので、あまり頓着しない性質なのですが、時折、作り手の方にお会いしたくなるくらい大好きな帯やきものに遭遇してしまうことがあります。「この帯」がそうでした。帯に付けられた名は「ジャワ彩段文《いろだんもん》」。

上野にある東京国立博物館。門を入って右手に建つ東洋館には、アジア各地から収集された出土品や彫刻、やきものとともに、古い布が展示されています。この帯の彩段は、その中の一枚、ジャワ島の北岸地域の布、木綿の地に染められた「縞文更紗腰衣」の一部を写したものです。

赤、紺、紫に緑と、鮮やかな染めの色彩を、経糸と緯糸から構成される織りで表現した、作者

ジャワの彩段

のセンスと力量に敬服します。鮮やかな彩段をつなぐ、白茶やくすんだ橙の細い縞は、綴れの技法を取り入れたもの。そして、この縞こそ、この帯のすぐれたところです。綴れのよろよろした縞が、それぞれの色彩の拡散を抑え、凝縮させるという効果を生みます。大胆な色彩であるにもかかわらず、帯揚げや帯締めの色を添えることで、魅力的な景色が出来上がっています。

お電話をいただいてから、ほどなくこの大好きな帯の作者とお目にかかる機会がやってきました。失礼ながら見るからに「頑固おやじ」といった風貌のこの方に、私がお話しするのは、ジャワ彩段へのオマージュばかり。ところが、こういう個性的な帯は残念ながら、なかなか売れないのだそうです。

ジャワ彩段を合わせたのは、無地の伊兵衛織。地味な色合いに見えますが、面白い帯を合わせるとなかなかに「格好いい」のです。経糸はわずかな赤みや茶を内に含むグレー。それよりも濃

い、黒を緯糸にすることで、布の表面に起こる乱反射が、やわらかな光沢を生みます。

仕事がひと段落すると、ついお邪魔してしまうご近所の「伊兵衛工房」。時折替えられる壁の額や、棚に飾られた小物など、ご主人の高林淑子さんの目線は、いつも刺激的です。鳶色の地に黒の二重格子という、鳶八丈の写しから始まった、私の伊兵衛織コレクションは、茶や白茶の崩し織り、浅葱《あさぎ》と茶の一崩し、濃紺と白茶の弁慶格子、そして色とりどりの残糸を、抜群の感覚でつないだ横段など、多様です。

玉糸を何本も合わせた太い糸で織られる伊兵衛織は、いずれも個性的。織る人の、糸に対する妥協のない姿勢に支えられた、縞や格子の微妙なバランス、色使いの確かさが、一見素朴に見えて、すばらしくモダンな印象を与える、この布の身上です。

「伊兵衛工房」で遭遇したのは着尺だけではありません。「伊兵衛織に取り合わせる帯が見つからない」という声に、高林さんが選び、揃えた心引かれるたくさんの帯でした。初めてうかがった十年近く前のことです。その中でもとりわけ個性の強い何本かの帯は、帯だけ見れば、びっくりするくらい斬新な意匠です。「個性的過ぎて」どこにもお嫁に行けなかった帯たちでした。

かくして、貰い手のなかった「ジャワ彩段」、見初められて嫁いだ先は私の箪笥でした。

きもの—無地の伊兵衛織。赤みや茶を内に含むグレーの経糸、黒の緯糸で織られた一見地味な平織りの布は、帯の取り合わせで、個性的な表情を見せる。**帯**—袋帯「ジャワ彩段文」。赤、紺、紫、緑と、鮮やかな染めの色彩を、織りで表現した文様は、上野の東京国立博物館に所蔵されている「縞文更紗腰衣」のもの。**ストール**—大判のストールはビキューナ（一二五頁）。

懐かしい風景

生まれ育った町は、上越の国境に近い、かつての城下町です。

昭和二十五年生まれの私が十代のころはまだ、河岸段丘の上に広がる市の中心から離れた周辺の村落に、養蚕を生業とする農家も多く残り、畑には蚕のえさとなる桑の葉が青々と茂っていました。

「キクとイサム」という文部省が推薦するような映画を見たのは、まだ小学校の低学年のころだったと記憶しています。米兵と日本人女性との間に生まれた混血の幼い姉弟と、養蚕を生業としてふたりを育てる祖母の物語。年老いた農婦を演じていたのは北林谷栄でした。この映画の中に今でも覚えているシーンがあります。モノクロームの画面だったと思いますが、カッと太陽が照りつけるような夏の日。「お蚕さま」に食べさせる桑の葉を摘みに出た三人が、帰り道、夕立ちにあってしまい、着ていた半袖シャツを脱いで、祖母が背負う、桑の葉を入れた籠に被せるシーンです。濡れた桑の葉を蚕に食べさせるわけにいかないと、必死な様子を見せる老婆を演じた北

林谷栄は、この時まだ四十代だったとあとから知りました。

「キクとイサム」は、一九五九年に公開され、ブルーリボン賞など数々の賞を総なめにした、今井正監督の作品です。脚本は水木洋子。社会派の今井監督がメガホンを取り、敗戦の色濃く残る戦後間もないころの東北の貧農を舞台とした映画の主題は、もっとほかのところにありそうですし、出演者も北林谷栄を初めとして、三國連太郎や、宮口精二など名だたる役者さん揃いなのですが、そんなことは少しも記憶にありません。子供たちがびしょぬれになっても守らなければならない、「お蚕さまの桑の葉」が、なんとなく子供ごころに不条理で納得いかなかったのでしょう、このシーンだけを鮮明に覚えています。

四十年近い月日が過ぎてしまいました。最近になって、私の生まれた町が、繭の集散地であったこと、町内には小さな製糸の作業場もあったことを思い出し、その工場の前を通りがかった折に鼻先をかすめた匂いまでふっと蘇って来るようになりました。

きものとの出会いがすべての始まりです。亡くなった母から遺された、きものの仕立て直しを機に始まった一大変化。少々大仰な言い方になりますが、きものとの出会いが、私がこの国に生まれ過ごした五十年という時間を、もう一度振り返るきっかけを作ってくれました。

幼い日、まだ家電製品が一般の家庭に普及するには少々時間が必要で、台所にでんと構える竈《かまど》の大きなお釜から、炊きあがったばかりのご飯をお櫃《ひつ》にうつすと、香ばしいおこげが混じっていたり、食卓に集う家族の傍らで、時折ノイズの入る大きなラジオも健在だったころ。もちろんクーラーなど存在しない時代です。夏が近づけば、簾《すだれ》や蚊帳《かや》、花ゴザが登場し、流水で冷やした西瓜や麦茶、打ち水や風鈴の音に涼を感じることができる五感が健在でした。炊事、洗濯、お掃除と毎日繰り返される家事労働は、今よりはるかに大変で、さほど裕福とは言いがたい我が家にも、中学を卒業したばかりのお手伝いさんが、つねにひとりかふたり近隣の在からやって来て、賑やかに立ち働いていました。

裏の軒先に立て掛けられた張り板には、家人が洗い張りした布が張られ、ふのりを溶かした小さなお鍋がちょこんと置かれています。物干し竿の真っ白に洗いあがった割烹着の隣に、ばらばらにならぬよう、白い木綿糸を撚った紐で結んだ、足袋が裏返されてかかっていたりと、母のきものも特別の日のためだけの装いでなく、日常の生活の中にもちゃんと居場所があった時代でした。

白茶と藍の弁慶格子の伊兵衛織を衣桁に掛け眺めていたら、取り留めなく昔のことが思い出されてきました。

一瞬手紡の木綿と勘違いしてしまうくらい、素朴なこの布の風合いのせいかもしれません。目を凝らして見れば、一本一本の糸がやわらかな光を放って、織られた糸が、確かに絹であることがわかります。

経糸は上州赤城山の麓の生まれ。土地のおばあさんが引いた糸です。玉繭や屑繭をお湯に入れ、座《ざ》繰《く》りで引いた糸は、太いところや細いところがあって決して均一ではありません。そして、緯糸に使われているのが、お湯で屑繭を煮て、繭から直接引いた糸です。繭から直接引くのですから、少々難儀です。無理はできません。でも無理せずに引いた糸は弾力に富み、野性味溢れて元

懐かしい風景

気です。経糸、緯糸ともに、ずいぶん昔のもの、「もう、こんな布は織れません」、そう、水野さんから何度も念を押されました。大変、貴重な糸で織っていただいた弁慶格子なのです。「伊兵衛工房」の高林さんの甥にあたる水野日出男さんは、私にとって「紬の糸の指南役」。水野さんが熱く語ってくださるお話をうかがうたび、糸に対する思いが伝わります。

この布の、糸作りから、染めや織りすべての工程に関わった方々の、思いが込められた弁慶格子は、シンプルに見えて、驚くほど表情豊かです。

帯は龍村平蔵作「甲比丹仙瓢《カピタンせんぴょう》」です。「甲比丹」とは「キャプテン」のこと。南蛮貿易でもたらされた舶載の品を、間違えてカピタンと呼んだものらしく、「甲比丹縞」などにこの名称が残ります。紬風の葡萄《えび》茶の地に、きっぱりした縹《はなだ》と白茶の経緯の縞、それに市松文様を配し、格子の中には、なんとも愛らしい稚龍と瓢簞《ひょうたん》が織り出されています。

きもの―ざっくりとした風合いが、手紡の木綿と見紛うほどの白茶と鼠がかった濃紺の弁慶格子は、伊兵衛織。**帯**―金沢生まれできもの好きの友人が、叔母さまから譲られたという龍村平蔵作「甲比丹仙瓢」。紬風の葡萄茶の地にきっぱりした縹と白茶の経緯の縞、それに市松文様を配し、格子の中に、愛らしい稚龍と瓢簞が織り出されている。**花**―紅白の梅もどき。器は、とろとろの釉薬がなんともやわらかな印象を与える白丹波の蠟燭徳利（ろうそくとっくり）（一二九頁）。（花生け・石澤由美子）

唐子の帯

帯作りに凝っています。帯に姿をかえる布の仕入れ先は、青山骨董通りの「もりた」さん。最初の作品、といっても針仕事は半襟つけが限界の私、お仕立てはもちろん専門家におまかせですが、その素材となったのは、藍染めの大きな暖簾。経糸と緯糸にそれぞれ麻と綿を使い、濃い藍地に白い大きめのウインドー・ペーンを入れた斬新な布でした。

「もりた」さんのご主人が国内やアジア各地で買い付けしていらした染めや織りの珍しい布は、奥様の手で丁寧に手入れされ、お店の棚に並びます。運が良ければ、古く貴重な着尺を、反物のまま発見したり、「掘り出しもの」に恵まれることもありますが、きちんと畳まれた布を眺め、少しだけのぞく藍や茜の色、格子や縞など模様の一部から、広げた布全体の雰囲気を想像するのも楽しい時間です。

バナナの繊維で織った生成りの地に、花織のルーツのような精緻な柄を織り出した、インドネシアの天蓋の布や、浅葱色の麻地に友禅で御所解《ごしょどき》文様を描き、ところどころに刺繍をほどこした

唐子の帯

江戸期の布、茜色とチャコールグレーで縞模様を入れたインドネシアの布や、北欧の刺繍のようなラオスの織物など、今までたくさんのすばらしい収穫に恵まれました。

古いもののすべてがいいというわけではありませんが、なかなか欲しい帯がなくて困っている時など、思いもよらず、昔の職人さんたちの作為のない仕事ぶりに、うれしくなってしまうこともたびたびです。

「もりた」さんのお店の奥の壁に、インドネシアやインドの更紗の布と一緒に掛けられていた布はとても珍しい柄でした。布の前身は、素封家《そほうか》の大きなお蔵から出てきた「布団がわ」です。生成りの紬地は、ざっくりと織られたような素朴な風合いが感じられ、木版を重ねたのでしょうか、

おおらかなタッチで、エキゾチックな植物や唐子《からこ》が描かれています。色のにじみや、輪郭の曖昧さがかえってのびやかな印象を与え、花びらや唐子の服、扇に見える茜や鼠の色がひときわ目を引きました。手に唐扇を掲げた子供たちのやんちゃな表情がとにかくかわいいのです。

ふっくらした布の風合いを損ねぬよう少し厚めの毛の芯をいれていただき、思い通りに仕上がった帯が届けられたのは数日後のことでした。

完成した唐子の帯に合わせたのは伊兵衛織の崩し織り。浅葱と茶という文句なく大好きな色の組み合わせです。

私の仕事場から数分の「伊兵衛工房」には、近所の喫茶店のように時折お邪魔するのですが、この布の見本裂を初めて手にとったのはずいぶん前のことでした。うかがう度に眺めるばかりで、ずっと気になりながら織っていただくのをためらっていたのを、今年の春、ようやくお願いし、私の手許に届きました。離れてみると無地にも見える崩し織りの布は、玉虫色の光沢を放ちます。外に出てお日様の光にかざすと、青みの糸がターコイズブルーに輝き、それはきれいです。

畳紙を広げて眺めてみるたび、新しい魅力に気付かせられるこの布。あくまでも糸にこだわり続ける織り手の熱意が感じられて、時とともに愛着が深くなっています。

きもの―無地にも見える崩し織りの伊兵衛織。太陽の光の下にかざすと、ターコイズブルーの糸が美しい光沢を見せる。**帯**―前身は「布団がわ」の布。ざっくり織られた紬の生成りの地にエキゾチックな植物や唐子が描かれ、茜や鼠の色が印象的。**帯締め・帯揚げ**―帯締めは濃い鼠色。朽葉色の縮緬の帯揚げ。**小物**―大ぶりの土瓶と茶碗は、河井寛次郎作「白磁面取番茶器」。茶器を載せたお盆は、藤原盆と呼ばれる刳り抜き盆（一三九頁）。

第五章

無地の贅沢

立ち姿は「序の舞」

刷毛染めで色を重ねた深い色合いの、鬼しぼ縮緬です。

縮緬の最大の特徴は「しぼ」にあります。白生地を手にしただけでも、一越《ひとこし》より二越、そして鬼しぼと、しぼが大きくなるに従い、布の表面に受ける光を、よりふっくらやわらかに反射するのがわかります。まして、染めをほどこされた縮緬ならなおのこと、しぼにあたる光の乱反射がもたらす繊細な陰翳で、色や柄に深みが加わります。

日ごろ親しんでいる「織り」とは趣の異なる「染め」のきもの。身にまとった時の肩にかかるなんとも言えない心地よい重みと、からだの動きに添う布の優しさが、縮緬の、それもどっしりした鬼しぼ縮緬の魅力です。

撮影の日、背に小さな縫い紋を入れた無地の縮緬をまとい、大きく開け放たれた扉の傍らに、すっと立った桑村祐子さん。その立ち姿は、近代日本の画壇にたくさんのすばらしい作品、とりわけ、美しい女性たちを描いた作品を残した、上村松園みずからが「自分でも気に入っている女

立ち姿は「序の舞」

性の姿」と語る「序の舞」の令嬢を彷彿とさせるものでした。

鬼しぼ縮緬の無地のきものに合わせた帯は、名物裂を写した龍村平藏の丸帯です。「国宝早雲《そううん》寺文台裂《じぶんだいぎれ》」、あるいは「早雲寺銀襴《ぎんらん》」と呼ばれるこの帯の本歌は、小田原北条家の菩提寺、名刹早雲寺に伝わる寺宝「織物張文台及び硯箱」に張られた織物でした。

平銀糸で埋めたモール風の味わいのある地に緑、葡萄茶《えび》、紅、うす紅などの彩糸で撫子《なでしこ》や鉄線風の花唐草文が織り出された裂は、中近東のモール織りの文様を真似て明代の中国で銀襴に仕立てられたと推定され、北条氏が中国との交易により手に入れたものと考えられています。

わずかな光を受けて内側から優しく発光しているかのようにも見えるこの美しい帯は、ある年の暮れ、友人のお義母様にあたる高齢のご婦人から、思いがけずいただいた名物裂の丸帯。あまりの幸せに有頂天になってしまった贈り物の一本です。

初代龍村平藏が多くの名物裂の復元にたずさわっていた大正十年代、早雲寺銀襴の復元も大正十年とされています。この帯を持っていらした方のお話をうかがうと、この帯もそのころの作品と考えて良さそうです。平銀糸が時を経て、鈍く深い光を放っています。

きもの熱にみまわれた私が、数年前初めて購入した龍村の帯は、金糸にコプトの鸚哥が浮かぶ綴れでした。この大変思い切ったお買い物で私のところにやって来た鸚哥君、私の苦労を知ってか、ほんとうにたくさんの幸運を運んでくれました。

そもそも、私のきもの熱が始まったのが一九九六年。ちょうどこの年、「初代龍村平藏　織の世界」と銘打った展覧会が各地の高島屋百貨店で開催されていました。

会場で目にした龍村平蔵の仕事に感激したことをよく覚えています。あの時に感動したいくつかの作品は、不思議な巡り合わせで私の宝物となりました。

加えて、偶然の発見もあります。大好きな神田の古本屋街にあって、中でも一番のお気に入りが「一誠堂書店」さんです。石の階段を上り、二階の右奥に並ぶ美術書のあたりに進むのですが、ある日、階段の手前のガラスケースに陳列された棚の裂帳が目に入りました。前出の展覧会の図録にも掲載されている名物裂の復元の裂帳と同類のものです。「お買得ですよ！」古本屋さんとも思えないひと声に、しばしの逡巡の末、レジに向かって購入。翌月のクレジットの支払いに苦労したことも、思い出です。

きもの—刷毛染めで色を重ねた深い色合いの無地の鬼しぼ縮緬。**帯**—初代龍村平蔵が復元した名物裂のひとつ「国宝早雲寺文台裂」あるいは「早雲寺銀襴」と呼ばれる丸帯。内側から発光しているかのようなやわらかな光が、優しげな草花の文様を包みます。**帯締め・帯揚げ**—淡い鴇色（ときいろ）の帯締めに、帯揚げは紋織りの茶色。

立ち姿は
「序の舞」

名物いちご

きものが急に身近なものになってしまったころのこと。市が開かれる第一日曜日を待ちかねるように、足しげく通ったのが、新井薬師の市でした。都心で開かれる骨董市と少しばかり趣を異にしているのは、どことなく郊外のような雰囲気を感じさせる、西武線の沿線という立地からでしょうか。早起きして出掛ける時も、どこかピクニックのような気分でした。普段は閑静な住宅地に囲まれたお薬師様の境内も、この日ばかりは各地からやって来る業者さんたちや、掘り出し

名物
いちご

物をもとめる人たちで溢れます。

目指すKさんのお店はいつでも大賑わい。Kさんが集めてきた、宮古や大島など、織りの布をもとめて、常連さんたちの輪ができています。

とにかく面倒見のよい、Kさんのもとに集まる常連さんたちの素顔はさまざまです。ルーペを布にあて、真剣な表情でのぞき込む少々「おたく」っぽい雰囲気の研究者や、お仕覆の作家、布やきもののコレクターや、織りのオーソリティーのような女医さんなど、バラエティ豊かなメンバーが月に一度顔を合わせ、和気藹々《わきあいあい》と旧交をあたためます。

その日の戦利品があった人もなかった人もともに立ち寄るのが、近くの喫茶店です。お薬師さんの参道を少し歩き、交差点を渡った角の建物の狭くて急な階段を上がり、扉を開けると、おなじみのふたりのおばちゃんの「いらっしゃい!」という元気な声が聞こえます。お店に集まる人たちもほとんどが顔見知り。たとえ見ず知らずの人がのぞいても、笑顔で迎えるようなあったかな空気が流れています。「ホット」とか「アイス」という声に混じって、定番「モーニングセット」をオーダーする人のテーブルには、珈琲に、マーガリンをたっぷり塗ったこんがりトーストと固ゆで卵がプレートに載せて運ばれます。どの席も、店内に流れる懐かしの歌謡曲をバックに幸せなひととき、今しがた手に入れた自慢の品をめぐる品定めです。

一度だけ、師走の市の帰りにこの店に寄ったことがありました。壁に飾られた造花も変わらず、店の隅にうずたかく積まれたマンガ本や週刊誌のごちゃごちゃもいつものまま、店内で交わされる会話も相変わらずです。でも、違っていたのが、帰りがけのおばちゃんたちの言葉「良いお歳を。また新年もよろしくね!」。

名物
いちご

その日、Kさんのお店でどんなお買い物をしたかすっかり忘れてしまいましたが、なんだかとてもいい気分だったことは良く覚えています。

真綿からつむいだ糸で織られたという結城独特の軽くふわっとした感触とやわらかな色調がとても気に入っていて、登場回数第一位といってよいほど、あらゆる機会に着ている、Kさんのお店でもとめた丁子色の無地の結城紬。この結城に合わせたのが、龍村平藏作「名物いちご」の丸帯です。

大正時代、初代龍村平藏により復元された「名物いちご裂」。「有栖川《ありすがわ》」「遠州緞子《えんしゅうどんす》」「大蔵錦」「蜀江錦」など、由緒のありそうな名前が並ぶ名物裂の中にあって、もうひとつの「名物大紋いちご」とともに、ひときわ異彩を放つネーミングです。中国明の時代の錦といわれ、菊の花のような文様が「いちご」に見えることから名付けられました。ロシア、トルキスタン、アフガニスタンなどに伝わる織物とも共通する雰囲気をもち、渋い茶の色調の地に、純白、濃藍、草緑、黄茶の花のモチーフが華麗に表現されています。

復元の原本とされたのは前田家に伝わる裂。文様を表す糸と、地合の糸を、撚り方や太さに微妙な変化をつけることで、ふっくらとした豊かな立体感を感じさせます。

きもの―ごく薄い茶色の無地の結城。上品でやわらかな色合いが、帯次第でいかようにも表情を変える、とても便利な一枚。**帯**―初代龍村平藏が大正時代に復元した名物いちご裂。**帯締め・帯揚げ**―帯締めは赤白橡の高麗組。帯揚げはややくすんだ橙色の縮緬。

花やしき

私には少々はた迷惑な夢想癖があります。親しい人と話している最中、ある言葉や、ふと目に入ったものをきっかけに、突然「ひとり連想ゲーム」が始まってしまい、当然のことながら一瞬中断した会話は、相手にとってまったく脈絡のない内容につなげられてしまうのです。友人たちにすこぶる評判が悪いこの性癖ゆえに、私に貼られたレッテルは、「話の腰をボキッと折る困った奴」。

桜の花を眺めていたら、いつの間にかとりとめのない連想遊びが始まっていました。まず頭に浮かんできたのが浅草です。今から四十年あまり昔、小学校三年生だった私は、先々代坂東三津五郎の直弟子にあたる、ある方の襲名披露の会で「新鹿子娘道成寺」を踊りました。現在のような建物に改築される前の新橋演舞場の舞台でした。華やかな「京鹿子娘道成寺」をやや簡略化したような作品だったと思いますが、書割《かきわり》にはうす紅色の桜が描かれていました。

住まいは群馬でした。いよいよという追い込みの時期になって、浅草の馬道にあったお師匠さ

んの稽古場に、何日か泊まり込むことになったのです。

十歳にも満たないころのこと、記憶はかなり曖昧なものですが、身長百三十センチ足らずの少女の目に映ったいくつかのシーンは、モノクロのスナップ写真のように残っています。

今から思えば、ちょっと困った生意気な子供たちの行動です。お稽古を抜け出し、先輩格のお弟子さんたちに連れられて行った遊園地の「花やしき」や、怖いもの見たさでついつい看板をのぞき込んでしまった、浅草寺境内の見せ物小屋。中でも威勢のよい呼び込みの声が響き、手描きの映画看板を掲げた小屋が軒を並べる六区の映画街の雑踏は、子供ごころに強烈だったとみえ、とてもよく覚えています。

「紀国屋文左衛門」、そんなタイトルの映画を上映している小屋の前には、元禄のころ、江戸でみかんの値が高騰していることを知った文左衛門が、紀州からみかんを積んで荒波の中を漕ぎ出した舟が、リアルなタッチで描かれ、電気仕掛けで波間に揺れていました。

ここまで思い出し、「確か主演は高田浩吉さん？」と、インターネットで高田さんを検索して、俳優、高田浩吉のフィルモグラフィーを眺めます。浅草の六区を歩いていた当時の私の年齢を考えると、一九六〇年前後。ありました！「荒海に挑む男一匹　紀の国屋文左衛門」（一九五九年）。余談ですが当時の大スター高田さんは、驚くことにこのころ一年間に十本以上もの映画に主演しているのです。映画が人びとの娯楽の中心だった時代です。浅草六区の華やかなりしころのことでした。

連想遊びに興じていたら、桜から随分遠いところに来てしまいました。私の記憶にある浅草の猥雑さは、好き嫌いの「好き」の抽き出しにおさまり、やがて学生時代読み耽った、江戸川乱歩

花やしき

の『押絵と旅する男』、川端康成『浅草紅団』そして高見順の『如何なる星の下に』という、私の中の浅草三部作へとつながります。

ジャンルを問わず、何でも「好きなものは好き」という私の嗜好は、我ながら収拾のつかないところがあるのですが、とても雑多なもの、猥雑なものへの偏愛のルーツは、幼いころ、浅草馬道で過ごしたわずかな時間にあるのかもしれません。

それから随分月日は流れ、六区の映画館も、そこに溢れた人びとも、姿を消してしまいましたが、時折、無性に行きたくなってしまう浅草です。

今のお目当ては、もっぱら「食」でしょうか。有名プロデューサーの企画する、「おしゃれな食の空間」というコンセプトは大の苦手です。近ごろ注目を集めるおそばやさんたちの薀蓄《うんちく》も少々気になる私にとっては、寒い季節、雷門にほど近い「並木の藪」で、清潔な白衣を着た店員さんが「お待ちどおさま」の言葉だけでテーブルに並べてくれる、鴨南蛮がとてもありがたいのです。

浅草は相変わらず、人間臭くてとても正直な町です。

きもの・帯・帯締め—たびたび登場の丁子色の無地の結城。お軸の表装のような取り合わせは、名物裂を復元した龍村平蔵の三本の丸帯によるもの。グレーを含んだうす緑に濃紺の色が冴える「モール」(一五九頁)。帯締めは金茶の高麗組。帯揚げは葡萄色。「一重蔓牡丹」(一六〇頁)に合わせた紐は、四色ぼかしの高麗組。「天平稜華文」(一五七頁)には、赤白橡の高麗組。**小物**—季節に先がけた啓翁桜の枝を生けた、珠州(すず)の壺(一五七頁)。

(花生け・石澤由美子)

鈍翁の「かわづ」

東急大井町線の上野毛駅で降り、往来の激しい環状八号線を渡って、ほんの少し入ったあたり、閑静な住宅地に囲まれた一角にある五島美術館で「鈍翁《どんのう》の眼」と銘打った展覧会が開催されたのは、益田鈍翁の生誕百五十年、没後六十年にあたる、平成十年のことです。

展示品は、奈良時代の工芸品から、仏教美術、中国絵画や墨蹟に絵巻、茶道具など、あらゆる分野を網羅した、稀代の大コレクターである数寄者、鈍翁の眼にかなった逸品揃い。さまざまな事情から何十年も前に散逸したコレクションを、現在の所有者から集め、この大変な企画を結実させた意欲的な関係者の方々の、晴れ晴れとした表情が目に浮かぶような展覧会でした。

名高い佐竹本の三十六歌仙や、源氏物語絵巻、古筆や古写経を集めて美しい裂で装丁した手鑑《かがみ》など、国宝や重文クラスの錚々たる名品の数々が並ぶ中で、「これは大好き！」と二度も三度も会場に通うことになったのが、「かわづ」という銘のある、粉引きの茶碗です。どことなく愛嬌のあるこの茶碗から、小さな蛙を連想した鈍翁自らの手で、茶碗の内箱の蓋の覆い紙に「最愛

可和津」と墨書されています。

展覧会の最終日、いつまでも立ち去りがたかった「かわづ」の前に、高齢のご婦人のきもの姿がありました。この方も、愛らしい粉引きの茶碗にとてもご執心の様子。展示品保護のため、明るさを抑えた薄暗い会場に、溶け込んでしまいそうな地味な色目の結城です。小さくまとめた、きれいな白い御髪《おぐし》、ぴんとのびた背筋が、この小柄な方の存在を際立たせていました。会場をひとめぐりし、ロビーの明るさの中でもう一度お見掛けしたのは、売店の図録を熱心に見ていらした後ろ姿でした。思わず、見とれてしまったのが、会場では気付かなかった綴れの帯です。白の地に浮かぶ、可憐な花唐草の文様の、茜に浅葱、群青、茶の濃淡に山吹などの色目は、いずれも、年を経てややくぐもったような、味わい深い調和を見せていました。こっくりした濃い茶に細かな亀甲が並ぶ上等な結城に、白地の帯は、以来、あこがれの組み合わせになりました。

鈍翁の「かわづ」

丁子色と紅柿色、二枚の無地の結城に合わせた袋帯、龍村平藏作「万代吉祥瓢《ばんだいきっしょうひょう》」は、加賀、前田家伝来の名物裂「葫蘆《ひょうたん》吉祥花唐草文様金襴」を写したものです。平金糸で織り出されるのは、蔓なりの瓢簞。蔓の間からのぞく、愛らしい五弁の花や果実は、ルビーやラピスラズリなど西洋の色名で呼びたくなるような色糸で描かれ、葡萄《えび》色、金茶、濃い墨色など古風な色が全体の調子を引き締めています。蓮の台に鎮座するかのような、瓢簞がお腹に抱えるのは「吉」、「中」、「祥」の文字。いずれも万代までの子孫繁栄を寿《ことほ》ぐ、おめでたいしるしです。白の地に使われた魚子《ななこ》織りの効果で、「おすまし」過ぎない印象を与えます。

白地の帯、しかもところどころに茜色など、優しく華やかな赤味を配した帯はとてもすぐれものです。若い方の初々しさを上品に演出してくれるのは勿論のこと、お歳を召した方の地味な色合いのおきものに、俄然本領を発揮します。

唐突さを恐れずに、たとえさせていただくと、雑誌で時折お写真を拝見する、私にとって、理想の女性、辰巳芳子さんのイメージです。さりげなくまとめた艶やかな御髪に、糊のきいたリネンのシャツ。そして、いつも感動してしまうのが、耳元に光るパールを連ねたイアリングです。辰巳さんの「食」に対する誠に厳しく凜然としたご様子と、この華やぎのコントラストを、失礼ながら勝手に、人生のお手本にさせていただいています。

きもの―帯合わせでいかようにも楽しめる、丁子色と紅柿色、二枚の無地の結城。**帯**―龍村平藏作の袋帯「万代吉祥瓢」。加賀、前田家伝来の名物裂「葫蘆吉祥花唐草文様金襴」を写したもの。平金糸で織り出されるのは、吉、中、祥の文字を抱く蔓なりの瓢簞。**小物**―室町の根来の角切盆、七百年近い時間を経、かすれた表面の朱の間からのぞく黒漆が、五枚それぞれに異なる表情を作る（一六四頁）。

第六章

過剰なる色彩

過剰なる色彩

小学校のころ通っていた絵画教室。水彩絵の具をパレットに搾り出し、水を加えず油絵のようなタッチでボードに自由に描かせるのが、そこの流儀でした。茶色のビアカップに入れた数本のカーネーションを画面いっぱいに描いた、妹の絵は、当時のチェコスロバキアの児童画コンクールに入選。いつものびのびと自然体でボードに向かう妹に比べ、妙に優等生っぽく、ちまちまとまとまった自分がとても矮小でつまらなく思えました。才能のなさを自覚した、最初の挫折です。そして大学時代、友人と始めた同人誌に載せようとしていた短編は、当時たまたま読んだ坂口安吾の作品に酷似、しかも、出来栄えは、坂口さんのほうが比べようもなく優れていることは言うまでもありません。かくして、絵も文学も、私の将来の選択肢から外されることになります。

以来、古今東西、各分野の才能溢れる方々の作品を、ひたすら享受するという、まったく受身の人生を歩いてきた私の生活に、劇的な変化が訪れます。きっかけは、亡くなった母が遺してくれたきもの。気がついて見ると、きものは私にとって初めての、積極的な表現の場になっていま

した。

きものに帯、帯締めに帯揚げが、組み合わせる要素のすべてです。畳紙の上にきものを広げ、帯を載せ、帯締めを置き、帯揚げを帯の下から少しだけのぞかせてみます。色に色が重なり、柄に柄が重なって、経糸と緯糸で構成される、布に受けた光が微妙に乱反射すると、少し気になっていた色の照りなども見る見るうちに周囲に溶けて、思いもよらない景色が目の前に現れてきます。

「能舞台の鏡板《かがみいた》を背景にした、絢爛たる能装束」。こんな取り合わせをする、日本人の美意識を絶賛した、イタリア人のアーティストの言葉を目にしたことがありました。確かに鏡板に描かれた松の古木の前で、能の主人公が身につける鮮やかな朱の大口に、壺折《つぼおり》した紅入《いろい》りの唐織り。それに、何色もの色糸で刺繍された鬘帯《かずらおび》も加われば、まさに色彩の氾濫です。それがばらばらにならずに、求心力をもち私たちの心を捉えるのですから、日本人の美意識たるや、世界に誇れるものかもしれません。

能装束の色彩はちょっと極端なたとえですが、きもの合わせの面白さは、色や柄を重ねることで生まれる調和だと思っています。帯ときものだけでは、なんだかよそよそしかった関係が、帯揚げを添え、帯締めを置くと、たちまちのうちに気持ちの良い緊張感を覚える、いわば「融通無碍《ゆうずうむげ》」が理想です。

風変わりな雰囲気の帯との出会いがきっかけで始まったきもの合わせです。

ちょっと風変わりに思えた文様は、ベネチアの宝石箱に使われていた意匠でした。七宝細工にも見える、宝石箱の意匠を写した唐織りの袋帯「洋唐花立涌文《ようからはなたちわきもん》」は、鼠色に赤紫の絵の具を溶かしたような地の色。岩絵の具の緑青を思わせる立涌の唐草に囲まれた愛らしい花びらは、白と唐茶です。中央の赤紫が印象的で、文様の輪郭に織り込まれた金糸はいっそうの華やかさを添えています。帯に合わせた、鬼しぼの縮緬はかすかに赤味を含んだ薄鼠の地。茶や藍の濃淡、胡粉の白、鳥の子色をさした雲形に藤、そして唐花と、三種の花紋を描いた友禅の訪問着です。帯揚げの山吹色、帯締めに、平清盛が厳島神社に奉納した美しい装飾経、平家納経のうちの一巻「妙音品《みょうおんぼん》」の見返しの色合わせの高麗組を添えてみます。きものに帯、帯揚げや帯締めを重ねていくにつれ、組み合わせの微妙さがたまらなく面白くなり、さらにもっともっと色が欲しくなっていました。

先ずは、お雛様の十二単衣の朱に台座の繧繝《うんげん》もきれいです。でもまだ完成型ではありません。あれこれと思いをめぐらしているころ、ふと浮かんだのが、だいぶ前に友人からもらった、絨毯のお店のリーフレットです。そこに掲載されていた、鮮やかな芥子色に藍や茶の文様が浮かぶ美しいラグの写真。あのラグに、友禅の色、帯、お雛様を合わせたら……頭の中に浮かぶ絵は間違いなく美しい取り合わせでした。矢も盾もたまらなくなり、風呂敷包みに、きものや帯、帯揚げ、帯締めをまとめて、南青山の骨董通りからちょっと入った「MUNI」というお店を訪ねました。

十六世紀から十八世紀、中国の明と清の時代、宮廷や寺院に献上されたという、洗練されたクラシカル・チャイニーズ・ラグは、ココ・シャネルや、フランク・ロイド・ライトにも愛された美しい敷物です。さまざまな事情で生産されなくなってしまったラグを、現代に甦らせた作品の

中に、探していたあの芥子色がありました。原毛の色である焦茶と白茶に加え、植物染料の大黄、槐《えんじゅ》、藍で染めた糸で織られた文様は蓮に牡丹、菊の花。そしてそれらを取り囲むボーダーに、抽象化された龍の文様と柘榴に蓮をあしらい、想像を上回る本当にきれいな色彩でした。件の芥子色の原料は槐でした。

お店の方が床に敷いてくださったラグの上に、早速、きものや帯を並べてみると……。すべての色彩が混じり合い、融け合って、美しい人の笑みがふわっと周囲に広がるような、そんな瞬間が訪れました。こんな一瞬がたまらなく好きです。

きもの―品川恭子作、友禅の訪問着「花紋」。**帯**―ベネチアの宝石箱の意匠を写した袋帯「洋唐花立涌文」。**帯締め・帯揚げ**―高麗組の帯締めは、平家納経のうちの一巻「妙音品」の色合わせ。縮緬の帯揚げの色は、山吹色。**雛人形**―戦後間もないころ金沢に生まれた友人のために、ご両親が日本橋三越で誂えた雛人形。小ぶりの男雛女雛は、白く面長な顔立ちに加え、切れ長の目と小さく結んだ口もとがなんとも上品な様子（一七一頁）。**敷物**―「MUNIカーペット」の「福寿文氈」。

あとがきにかえて

「きもの熱」制作ノート

平成十五年の一月号から翌年十二月号まで、集英社の『メイプル』誌上に、二十四回にわたり連載させていただいた「きもの熱」です。

撮影現場に飛び交うのは、西の言葉でした。写真家の浅井佳代子さんは、生粋の関西人。鳥取県生まれで、微妙に米子弁の混じる大阪弁を話すのは、アシスタントの荒木大介さんです。かなりの辛辣さを、「ぼけ」と「つっこみ」を交えながら、暖かな空気に変えてしまうこの言葉に、どれほど救われたかしれません。

きものと帯、帯締めに帯揚げという、たった四つの要素の、美しい色や柄の重なりに夢中になっていた私は、連載を開始するにあたって、「組み合わせの面白さを、物だけで撮って欲しい」そんな風に浅井さんに伝えました。「思い」だけが前のめりになってしまう当時の私には、どう見せるかというアイデアなどまったくありません。西洋の立体的な服と異なる、直線裁ちのきものや帯を、人に着せることなく、物だけで見せて行くことの難しさを、浅井さんは辛抱強く、極めて論理的に説明してくれました。浅井さんの話す大阪弁には、いつも「しゃあないなあ。こないしたらどう?」、そんな助け舟がありました。

ああでもない、こうでもないと苦しみながらスタートした「きもの熱」の撮影でしたが、回を重ねるにしたがって、私自身はもちろんのこと、スタッフ全員にとっても、次第に愛着を増す楽しい時間になって行くのが感じられて幸せでした。

撮影現場の仲間たち。みんなが「光の魔術師」と呼ぶ浅井さんと、浅井さんが全幅の信頼を寄せる、荒木さん。余計なことですが、荒木さんの「おかん」が私と同い年と聞いた時から、彼に対しては、つい息子を心配する母親のような気分になってしまいます。ロケバスを運転してくださるのは、高田浩司さん。遠出したロケ地からの帰り道、寝不足に加え、ひと仕事を終えた安堵感からみんなが車内で眠ってしまう時間、ボリュームを落としたFMから流れるパーソナリティの声を道連れに、背筋をぴんと伸ばし、夜の高速道を運転する、高田さんの後ろ姿が、頼もしく見えました。

　ヘアメイクの倉田正樹さんとは、お互いの趣味が一致し、毎月一度のスポーツ観戦を欠かさずご一緒しています。メイクアップのテクニックに加え、いつも変わらぬ穏やかな倉田さんの笑顔は、撮影にのぞむ方々の緊張を和らげるのにひと役かっていました。そばにいるだけでなんとなく安心してしまう、そんな鷹揚さを感じさせる着付の石山美津江さん。美しいきもの姿を演出することと、美味しいものに対する、妥協しない厳しい姿勢には、いつも敬服させられています。

　こんなプロ集団が脇を固める現場に、おきもの姿で登場してくださったのは、女優さんでもモデルさんでもない方々です。ファインダーをのぞく浅井さんから「すごい。びっくりするわ！」と感嘆の声が上がるほどの自然な表情には、生活に根ざしたおひとりおひとりの個性がにじみ出て、新鮮な魅力がありました。

　そうそう、忘れてはいけなかったのが、「唐子の帯」の回、堂々のモデルぶりを披露してくれた、当時十五歳だった、猫のシマちゃん。本番中、フィルムチェンジの時すら、身じろぎひとつせず、浅井さんの「オーケーです。お疲れさま！」の声に、やれやれとばかり、ひとつ伸びをして、悠然と去って行った姿が忘れられません。シマちゃんが昨年暮れ亡くなったという悲しいニュースは、つい最近になって知らされました。

そして、蔭の立役者たち。「懐かしい風景」や「花やしき」の回などでお花を生けてくださった、石澤由美子さん。とりわけ新年を迎えたばかりのころに行われた撮影の日。黒々とした珠州の大壺に生けられた啓翁桜は、この日、可憐な花を咲かせるよう、十二月から準備していらしたものです。

きものや帯の取り合わせを考えると、きもの姿の周囲に何か欲しくなり、あれやこれやと考えをめぐらすのがつねでした。そんな時、ありがたかったのが、我が家の主どのの、たいせつな蒐集品です。撮影が近づくころになると、押入れや棚をごそごそと探し、無断で拝借。あとでそっと返却していました。紀元前のホルス神にお出まし願った折など、浅井さんも私もどきどきでした。日ごろ粗忽者のレッテルを貼られている私です。ひとつも壊すことなく連載が終了できたことに、今さらながらほっとしています。

連載の最終回の入稿を終えてほどなく、単行本の準備が始まりました。一番最初に決まった助っ人は南部麻子さんです。時どき安否を確かめたくなるような、一見壊れそうで、華奢な人ですが、美術書や写真集などの編集を多く手掛けたこの人は、大きな力になってくれました。ブックデザインは、『樋口可南子のきものまわり』の時にお世話になった鈴木成一さんが、今回も快くお引き受けくださいました。連載の「きもの熱」が、鈴木さんによって、新たな生命を吹き込まれ、私の想像をはるかに超える、端正で美しい世界になりました。そうしてあらためて見る、浅井さんの写真の緻密さ、緊張感にも今さらながら驚かされています。打ち合わせの折など、いつもお会いする鈴木成一さんの補佐役、大きな目の鈴木貴子さんは、か弱そうな雰囲気を漂わせながら、実は少しばかりのことには動じないタフな人。南部さんといいコンビでお仕事を進めてくださいました。

最後の大仕事が印刷です。鈴木さんが「天才」と呼ぶ、日本写真印刷のプリンティングディレクター、中江一夫さん。拠点とされている京都から何度も足を運ばれて、その神業ぶりが披露されました。

『樋口可南子のきものまわり』の連載時からのご縁で、私たちのことをずっと見守る、心強いプロデューサー的存在は、清水智津子編集長。昨年『メイプル』の副編集長から、ノンフィクション編集部に移られてからも、連載最終回まで面倒をみてくださって、幸運なことに、単行本の制作でもお世話になりました。清水さんを中心として、この本の制作にあたられた集英社スタッフの方々の熱意と、私にのびのびとした自由な環境を与えてくださった、『メイプル』という雑誌の懐の深さにも、心から感謝しています。

そして最後に、そもそものきっかけを私に与えてくれた可南ちゃん、ありがとう。

連載の始まりから数えて二年半あまりの間には、ここにお名前をあげることができない多くの方々のお力添えをいただきました。今の私は、暗い試写室で映画の余韻にひたりながら、エンドロールに並ぶスタッフの名前を一つひとつなぞっている、そんな気持ちで、もうじき出来上がる真新しい本が届くのを、待っています。

二〇〇五年三月　　清野恵里子

本書にご登場いただいた方々

浅田詠子・あさだうたこ

一五六～一六七頁

詠子さんは、赤坂と青山、そして名古屋にお店を構える料亭「浅田」の若女将。最初の撮影は、初めての出産を数ヵ月後に控えたころ。二度目にご登場いただいた時は、新米ママにおなりでした。やわらかな笑顔がかわいらしくて、大変な時期につい無理なお願いをしてしまいました。

井上保美・いのうえやすみ

八～一三頁、五八～六三頁、八六～九一頁

「45rpm」専務取締役。製品開発を長年にわたって担当。多忙な日々の疲れは週末のジムと、お茶のお稽古で解消するという保美さん。いつもはほとんどノーメイクでおさげ髪。スポーティなスタイルです。時折、きもので颯爽とジープを運転する姿を町で見かけます。

桑村祐子・くわむらゆうこ

一六～二一、三四～三九頁、一〇四～一〇九頁、一四四～一四九頁、一七〇～一七七頁

京都の名高い料亭「高台寺和久傳」の若女将を務めながら、丸の内と二子玉川の「紫野和久傳」オープンにともない、京都と東京を往復する多忙な日々を過ごす祐子さん。あでやかなきもの姿を拝見していると、どこにそんなパワーがあるのか不思議に思えます。

成井節子・なるい せつこ

二二～二七頁、四〇～四五頁、六四～七一頁、七八～八三頁

おきものにも厳しい目をお持ちの、名だたる作家の方々が集まる銀座のお店「小眉」のオーナー。初めてお目にかかったのは二〇〇二年に開催した「きものまわり」の展示会の折でした。以来、お付き合いを重ねるにつれ、ますますおきもの姿の成井さんのファンになっています。

根津后方子・ねづ みほこ

扉、二八～三三頁、四八～五五頁、九二～九七頁、一二二～一二七頁

撮影現場には、いつもベージュやグレーのジャケットにパンツというスタイルで颯爽と現れる后方子さん。ご主人が館長を務められる根津美術館の庭園の一角で行われた最初の撮影から、スタッフ全員がびっくりするくらいの自然な笑顔でカメラの前に立ってくださいました。

三田啓子・みた けいこ

九八～一〇三頁

日本橋人形町の一角、歌舞伎の舞台「与話情浮名横櫛」に登場する玄治店の跡地で大正元年に開業、九十余年の歴史をもつ由緒ある料亭「濱田家」の女将。普段はモダンなお洋服姿の三田さん。お仕事着でもあるおきものは、やわらかものしか袖を通したことがないという三田さんにとって、初めての「かたいもの」、黄八丈でした。

源 直子・みなもと なおこ

一二八～一三五頁

ご長女の結婚式での留袖が、ほんとうに久しぶりのきものだったとお聞きしました。格子の紬が初々しい印象を与えます。ちょっと照れ気味でカメラの前に立ってくださった源さんのおきもの姿と、撮影場所の雰囲気がとてもぴったりで、懐かしい風景になりました。

三宅晶子・みやけ あきこ

一三六〜一四一頁、一五〇〜一五五頁

横浜国立大学教育人間科学部教授。能を中心とする中世日本文学がご専門で、おきもので外出なさる機会も多い三宅先生。著書に、能の現代語訳『対訳でたのしむ』シリーズ（檜書店）、『世阿弥は天才である』（草思社）など。能楽堂でおきもの姿の先生にお会いできるかもしれません。

吉村 文・よしむら ふみ

七二〜七七頁

地唄舞吉村流師範。南青山のお稽古場で、お弟子さんにお稽古をつけられる吉村さんのお姿に、この方の誠実で厳しい、「舞」に対する姿勢を垣間見たような気がします。現在、ひとりでも多くの人に「舞」を知って欲しいと、日本全国を「舞行脚」中。

（敬称略）

着付

石山美津江

扉、二二～五五頁、七二～七七頁、九二～九七頁、一〇四～一六七頁

湯浅葉子

八～二一頁、五八～七一頁、七八～九一頁、九八～一〇三頁、一七〇～一七七頁

ヘア&メイク

倉田正樹（アンフルラージュ）

扉、二二～八三頁、九二～九七頁、一〇四～一四九頁、一五六～一六七頁

長綱志津子（トラップ）

一五〇～一五五頁

山崎　彰（サッシュ）

八～二一頁、八六～九一頁、九八～一〇三頁、一七〇～一七七頁

著者略歴

清野恵里子・せいの　えりこ

文筆家。群馬県生まれ。母から遺されたきものの仕立て直しをきっかけに、それまではまったく興味のなかったきものの魅力を再発見。独自の美意識に貫かれた、きものと帯、小物合わせと、やわらかな語り口の文章には定評がある。著書に『樋口可南子のきものまわり』（二〇〇二年、小社刊）がある。

浅井佳代子・あさい　かよこ

写真家。兵庫県生まれ。スタイリストとしてそのキャリアをスタートするが、ほどなく撮る側へと転向。一九八六年よりフリーのカメラマンとして本格的に活動を開始する。以来、雑誌、広告等各メディアをベースに活躍している。朝日広告賞（九四年）他受賞多数。

＊本書は小社発行『メイプル』二〇〇三年一月号から二〇〇四年十二月号に連載された作品に大幅に加筆、書き下ろし、撮り下ろしを加えたものです。

きもの熱《ねつ》

二〇〇五年 四 月三〇日 第一刷発行
二〇一一年一一月一九日 第二刷発行

著 者 清野恵里子《せいのえりこ》
発行者 館 孝太郎
発行所 株式会社 集英社
〒一〇一―八〇五〇 東京都千代田区一ツ橋二―五―一〇
編集部 電話〇三―三二三〇―六一四一
販売部 電話〇三―三二三〇―六三九三
読者係 電話〇三―三二三〇―六〇八〇
印刷所 日本写真印刷株式会社
製本所 加藤製本株式会社

 ISBN 4-08-781327-4 C0095